新时代社区工作者专业化研究

佘君玕 / 著

中国·武汉

内 容 提 要

本书是研究基层社区治理场域中社区工作者的学术专著,通过案例的深描,剖析 ZL 社区的美食街问题的解决过程,探索社区治理大众化浪潮中的社区工作者专业化的可行性路径,探讨社区治理大众化与专业化之间的关系。本书重点阐述了社区工作者组织动员居民参与社区治理对社区治理专业化与大众化的影响,创造性地提出了社区工作者专业化的相关评价指标。

本书通过对社区治理大众化概念的阐述、案例的描写,详细记录社区工作者佟书记为解决自身社区美食街治理难题所付出的努力。透析社区治理专业化的发展课题,揭示社区治理专业化的内涵,并以案例的形式阐述专业化治理的形成过程。讨论新时代社区工作者专业化的内涵及其形成过程,探讨影响社区治理专业化的相关因素与社区治理专业化产生的治理效益。

本书适合城市社区工作者及从事社区治理相关研究的人士阅读。

图书在版编目(CIP)数据

新时代社区工作者专业化研究 / 佘君玗著. -- 武汉:华中科技大学出版社,2024.12.
ISBN 978-7-5772-1527-3

Ⅰ. D669.3

中国国家版本馆 CIP 数据核字第 2024K8H147 号

新时代社区工作者专业化研究　　　　　　　　　　　　　　　佘君玗　著
Xinshidai Shequ Gongzuozhe Zhuanyehua Yanjiu

策划编辑:聂亚文	封面设计:孢　子
责任编辑:苏克超	责任校对:张汇娟
责任监印:曾　婷	

出版发行:华中科技大学出版社(中国·武汉)　　电　话:(027)81321913
　　　　　武汉市东湖新技术开发区华工科技园　　邮　编:430223

录　排:华中科技大学惠友文印中心
印　刷:武汉邮科印务有限公司
开　本:710mm×1000mm　1/16
印　张:8.75
字　数:159千字
版　次:2024年12月第1版第1次印刷
定　价:78.00元

本书若有印装质量问题,请向出版社营销中心调换
全国免费服务热线:400-6679-118　　竭诚为您服务
版权所有　侵权必究

前　言

"社区"一词一直承载着一种共同体精神：人们为了共同居住和生活的集体而奋斗。社区共同体的建设离不开社区居民的参与。居民参与是实现社区共同体建设的题中之义。事实上，大众化的居民参与在当今的社区已比较少见，市场力量、户籍制度改革、商业住宅小区改变着居民熟悉的社会关系网络。受社区建设的单向性与社会情境的复杂性的影响，现代化市场规则未能有效塑造社区居民的社会责任感，大众化参与难以实现。居民参与不足主要体现为三个"无"：居民参与无动力，居民参与无持续，居民参与无公益。作为社区主人的居民异化为社区治理的"看客"，出现了"社会无行动、居民不行动"等诸多现代性后果。针对这样的现状，地方政府开始引入多方治理力量进入社区。在诸多行动主体中，常驻于居民参与实践中的社区工作者引起了笔者的注意。社区工作者在法律上肩负着组织和动员居民开展自治的职能，是改变居民参与现状的天然组织者，但是其中一部分人一直处于无有效治理能力的状况。在2017年初的调研中，笔者发现ZL社区的佟书记处于社区美食街治理困境之中，她尝试了诸多办法都不得要领，无法解决社区治理困境。但是笔者于2019年再次前往ZL社区调研时，却发现ZL社区的治理难题不但已经解决，而且社区居民的整体志愿参与状况发生了较大变化。经过观察，笔者发现专业化社区工作者在整个治理过程中发挥了极其重要的作用。因此，本书着重围绕专业化社区工作者与居民参与之间的关系展开理论探讨和实证分析。

《国家中长期人才发展规划纲要（2010—2020年）》指出，要培养造就一支职业化、专业化的社会工作人才队伍。这为我国社会工作者队伍的发展指明了方向，但是不同身份的社会工作者，其本身的专业化具有独特的目标指向。在社区领域内，居民委员会的社区工作者承受着较重的行政负担。如何实现社区居民参与的大众化？如何实现社区参与中的专业化？本书试图从案例的探究中寻找答案。

本书的研究思路是通过案例的深描，仔细剖析ZL社区的美食街问题及其他社区难题的解决过程，纵向对比之前的社区治理窘境，细致描述佟书记的改变过程，同时引入社区大众化参与基础上的专业化治理内涵，探讨社区治理过程中专业社工的支持作用。首先，本书深描"非专业化"状态下的社区工作者的治理措施，探究其治理方式背后的技术和理念，展现居民志愿参与的状态，社区

"大包大揽"的工作模式已然无法解决居民参与难题,一系列矛盾随之而来。其次,笔者深描专业化社区工作者解决社区治理难题的过程,思考社区大众化参与的实现路径,明确社区大众化参与中的专业化指向,并揭示居民委员会的社区工作者在治理过程中的作用。最后,本书探讨了社区工作者在治理活动中的影响,并分析专业社区工作者在社区治理专业化实现过程中所面临的局限。

专业化的问题在学界虽然已有讨论,但是大众化参与中的专业化问题,即如何科学地推动不同兴趣、不同性别、不同年龄以及有不同专业能力的人员参与到社区公共事务和公益事业中来的问题,却鲜有学者讨论。本书的创新之处在于通过案例的深描,从专业社区工作者的视角来探讨社区大众化参与的实现方式,为我国基层社区居民参与状况的改善和专业社区工作者队伍的发展提出意见和看法,具有一定的理论和实践意义。

本书主要得出五个结论。结论一:社区工作者专业化是推进社区居民志愿参与的充分条件。结论二:社区治理大众化与专业化的实现离不开专业社工的支持作用。结论三:居民的自组织状态和社区工作者专业化程度呈正相关。结论四:社区工作者专业化的重点是建立新的居民观和公益观以及一套可使之落地的实务操作技术。结论五:社区工作者专业化需要建立社区层面的多方主体良性合作关系。

为了表述需要,书中个别地方难免存在重复之处,敬请谅解。

目　　录

第一章　导论 …………………………………………………………… 1
  第一节　选题由来 …………………………………………………… 1
  第二节　文献综述 …………………………………………………… 3
  第三节　研究主题和研究框架 …………………………………… 13

第二章　社区治理大众化与专业社区工作者支持下的治理实践 … 19
  第一节　社区治理大众化及其困境 …………………………… 19
  第二节　ZL 社区美食街的治理尝试 …………………………… 26
  第三节　专业社工支持与社区草根组织的诞生 ……………… 53
  第四节　本章小结 ………………………………………………… 76

第三章　社区治理专业化与 ZL 社区的二次治理实践 …………… 78
  第一节　社区治理专业化：推动社区治理活力释放的新视角 … 78
  第二节　二次治理：ZL 社区的新治理难题及其解决过程 …… 84
  第三节　社区工作者：破解居民参与难题的关键媒介 ……… 94
  第四节　本章小结 ………………………………………………… 98

第四章　专业化社区工作者的内涵及其形成过程 ………………… 99
  第一节　专业化语境下的社区工作者 ………………………… 99
  第二节　"传导器"：社区治理专业化中的专业社工 ………… 106
  第三节　社区工作者专业化的过程分析——以湖北省为例 … 110
  第四节　本章小结 ………………………………………………… 113

第五章　社区工作者专业化的治理效益与限度 …………………… 115
  第一节　社区工作者专业化的治理效益 ……………………… 115
  第二节　社区工作者专业化的限制与风险 …………………… 119
  第三节　本章小结 ………………………………………………… 123

第六章　结论与讨论 ………………………………………………… 124
  第一节　基本结论 ………………………………………………… 124
  第二节　需要进一步讨论的问题 ……………………………… 126

主要参考文献 ………………………………………………………… 128
致谢 …………………………………………………………………… 130

第一章 导　论

本章主要介绍本书的研究缘起和研究主题,梳理学界已有的研究成果,在科学地总结和吸收前人经验的基础之上,结合笔者的实践经验,提出新的研究问题。本章对所涉及的核心概念做了简单的界定,并对相关的研究方法、研究框架和研究假设进行了说明。

第一节　选题由来

问题意识是学术研究的起点。专业化总是围绕着效率而来,政治学中的政府部门的专业化首先涉及官僚系统的运转效率问题,经济学中的企业"专业化"与生产力紧密相连,意味着成本最低、利润最高的经济效益问题。但是在社区治理中,社区居民委员会作为群众性自治组织,其内部的社区工作者具有组织和动员居民自治的天然职能导向,在社区公共事务治理上,"专业化"效益的重点应聚焦于增进居民参与,培育社会资本,营造社区共同体。党的十九大报告提出要"提高社会治理社会化、法治化、智能化、专业化水平",为实现社会治理的转型升级指明了方向、提出了要求。《中共中央 国务院关于加强和完善城乡社区治理的意见》提出要"建设一支素质优良的专业化社区工作者队伍"。本书的研究是基于对宏观政策导向和基层社区调研所引发的思考,本书关注的问题是具体的,一方面讨论社区大众化参与中的专业化转向问题,即如何推动不同兴趣、不同性别、不同年龄以及有不同专业能力的人有序参与到社区公共事务和公益事业中来,如何让居民自组织化、有序化地解决社区公共事务和公益事业中的问题。另一方面讨论专业社工在社区公共事务和社区公益事业中的作用。

专业化社区工作者的选题与笔者的实践经历有关。2017年9月,笔者成为华中师范大学湖北城市社区建设研究中心的一员。在补充了基本的理论知识之后,笔者被研究中心分配到H市ZL社区进行蹲点调查,在ZL社区的日子里,笔者和社区的工作人员同吃同住,协助处理各项社区事务。在对ZL社区的调研中,美食街的治理问题让笔者印象深刻。ZL社区坐落在H市中心,整个社区由4个小区构成。ZL社区始建于20世纪90年代,是一个典型的企业改制社区。ZL社区由于优越的地理位置吸引了诸多美食商户在此聚集,渐渐形成了美食街。但是问题也随之而来,ZL社区美食街的商户在经营的过程产生了严重的城市管理问题,油烟扰民、污水横流、噪声污染等现象日益严峻。由于美食街内部为商住两用房,油烟扰民、污水横流、噪声污染等问题对居民生活产生了极大的影响,分管社区环卫工作的佟书记压力很大。街道甚至把美食街的治理任务列入对佟书记的年终考核之列。在重压之下,佟书记开始寻找解决美食街卫生环境问题的方案。一开始佟书记秉持着服务居民的理念,试图购买专业的清洁公司对美食街进行清扫,但是刚刚清扫完,没几天就变回了原样。紧接着,佟书记又联合物业、城管部门开始联合治理行动,但是这样的"运动式"清扫仍然无法保持美食街环境治理的成果。接下来,佟书记动员社区内部的志愿者对美食街进行了定点清扫,但是志愿者在清扫的过程中又与商户产生了矛盾,商户把志愿者当成义务劳工,对志愿者指手画脚,最后矛盾激化,志愿清扫活动也不了了之。三周的蹲点调查,让笔者切身体会到以佟书记为首的社区工作者的迷茫和疲倦,深刻地体会到社区工作者处于行政考核、社区各类利益群体纠葛和自身角色盲区中的无奈。

  基于对ZL社区的观察,笔者对社区工作者的工作环境有了更加直观的了解,并做了以下几点反思。一是社区工作者的工作思路行政化严重。受到路径依赖的影响,社区工作者在社区工作中采取行政化的工作方式,试图自己全心全力来服务好居民,但是实践无一例外地证明这样的"给予式"包办行动很难成功。二是社区居民参与无动力、无意愿。在长期的治理过程中,社区治理的利益相关群体一直没有参与到社区治理中来,作为社区的商户和住户(简称"商住户"),他们都为自己的困境发愁。虽然他们具有为之行动的内生动力,但是长期的治理行动中鲜有社区工作者能有效动员他们来解决问题。三是社区工作者缺乏一套可以与社区居民进行平等对话、达成共识的技巧。笔者发现社区工作者在面对激发居民参与难题时,他们或是运用居委会对社区困难群体的低保审核权促使居民参与治理行动,或是运用社区熟人关系网络带动社区居民参与治理行动。在美食街治理的长期过程中,社区工作者并没有一套与居民进行平等对话、达成共识的引导方法,社区美食街的治理困境仿佛与社区美食街的商户和住户无关,变成了社区工作者的事情。2018年,笔者所在的华中师范大学湖北城市社区建设研究中心受湖北省民政厅委托,对湖北省的社区公益创投项目进行中期评估。借助这个机会,笔者有幸再次来到ZL社区,对其进行为期一周的调研与评估,笔者惊奇地发现社区内部的美食街问题已经得到解决。通过对当事人佟书记及社区相关人员的采访,笔者发现作为社区工作者的佟书记在美食街治理过程中起到了至关重要的作用。佟书记运用在社区工作者实务能力训练中学习到的科学的社会工作技巧组织并动员社区的商住户开展自治,从社区居民的需求入手,推进商住户达成共识,孵化了"舌尖上的 ZL"商住自治联盟,并通过运用专业的理念和技术同步孵化了 ZL 社区社团联合会和"善益楼"志愿者联合会,掀起了 ZL 社区大众化参与公益行动的浪潮。由此,笔者对其治理经历产生了浓厚的兴趣,并开始探究其治理过程。

在评估过程中,笔者和其他现场评估人员听取了佟书记的工作汇报,实地察看了美食街场地,对社区美食街社团的台账进行了查看,对社区内部的相关商户和住户进行了采访,笔者的写作资料也来源于此。佟书记所开展的"舌尖上的 ZL"项目以社区美食街环境治理问题为导向,从美食街商住户最紧迫的需求入手,引导社区商住户自我审视美食街问题,聚集民智,收集美食街治理"金点子",引导社区商住户自我创设行动方案,自我讨论激励措施,持续开展社区的环境大扫除行动、下水管网整治行动和更换油烟设备治理行动,并推选出由商户和住户组成的骨干团队,佟书记在治理过程中重点培养骨干团队的合作领导能力,最终成立了"善益楼"志愿者联合会。

"善益楼"志愿者联合会搭建了一个社区志愿互助网络,使社区治理的主题从治理走向志愿,由社团"自转"变成围绕社区公益"公转"。佟书记通过"舌尖上的 ZL"商住自治联盟实现了社区商住户自治,解决了美食街治理问题,并通过后续的社团联合会和"善益楼"志愿者联合会的孵化实现了互助网络的搭建,打破了社区内部群体之间的壁垒,盘活了社区内部的资源网,促进了公益细胞的生长。在整个治理行动中,最令人惊讶的是专业化社区工作者佟书记起到的重要作用,她运用科学的社会工作理念、专业的社会工作技巧,引导居民参与,让 ZL 社区的居民参与状况发生了较大变化,不但消弭了社区内部的居民矛盾,更让社区居民围绕着社区公益持续行动起来,营造了良好的公益氛围。

笔者在日常调研中发现了很多动员居民参与失败的治理案例,诸多社区工作者未能解决自身的治理困境,深陷于社区各类群体的矛盾之中。而佟书记是笔者见到的为数不多靠一己之力改变治理困境的社区工作者,她不但解决了长期困扰社区的美食街治理问题,而且实现了居民参与社区公益事业的良性循环。ZL 社区治理前后的状况形成了鲜明的对比,引起了笔者的思考。事实证明,没有社区居民的大众化参与,社区治理就难以取得成功。ZL 社区的案例更是典型,只有基于居民参与的治理行动才能根除治理难题。那么佟书记究竟是如何动员居民参与到治理行动中来的?社区治理大众化又该如何实现?应该怎样回应时代课题,实现社区治理专业化?笔者试图在实践调研中寻找答案。

第二节 文献综述

了解并把握前人的研究成果是研究的基础,围绕本书的选题,笔者对我国的居民参与的研究脉络、社区工作者相关理论研究发展脉络及社区工作专业化相关研究成果进行简单的梳理和归纳。

一、中国城市社区治理的相关研究

城市社区是社会治理的重要根基,党的十八大首次将"城乡社区治理"写入党的纲领性文件,标志着我国社区治理理论与实践的发展与创新达到了一个新的高度。目前,我国有不少学者对社区治理开展了理论探索,同时城市社区治理也成为理论研究的热点问题。

(一)中国社区及其中的治理概念

20世纪30年代,社区这一概念被我国学者吴文藻和费孝通引入中国。改革开放以来,伴随着中国社区整体的重建行动,诸多中国学者沿着"社区""社区治理"的相关理念展开了广泛的探讨。费孝通认为,社区是若干社会群体或社会组织聚集在某一地域里所形成的一个生活上相互关联的大集体。蔡禾认为,社区是居住于某一地理区域,具有共同关系、社会互动及服务体系的人群,为了达成其共同的目标,互助合作,采取集体行动,以求共同发展。[①] 从国内社区治理相关的研究理论看,有治理理论、社会资本理论、协商民主理论、自组织理论等。夏建中认为,社区治理是在接近居民生活的多层次复合的社区内,依托政府组织、民营组织、社会组织和居民自治组织及个人等各种网络体系,应对社区内的公共问题,共同完成和实现社区社会事务管理和公共服务的过程。[②] 社区治理的目的是给居民提供公共产品,这里的公共产品包括物资设施和社会资本。盛云、徐雪梅认为,城市社区治理机制是指为实现社区发展目标而采取组织协调方式与方法,使多元主体相互作用、相互渗透、相互配合、相互制约,构建的政府监控、社区自治组织协调、社区非营利组织运作的治理机制。[③] 韦加庆基于促进城乡社会有机融合,提出构建聚合多元力量的内生性新型农村社区组织管理机制,从整体上治理农村社区。[④] 王天崇、宋占丰探讨如何在形成多中心权力主体的基础上,构建多元化的权力运作模式,进而优化权力秩序,合理配置社区资源,以破除社区发展中亟待解决的问题。[⑤]

---

① 蔡禾.从利益诉求的视角看社会管理创新[J].社会学研究,2012,27(4):10-16,241-242.
② 夏建中.治理理论的特点与社区治理研究[J].黑龙江社会科学,2010(2):125-130,4.
③ 盛云,徐雪梅.我国城市社区治理问题的系统探讨[J].财经问题研究,2009(6):21-25.
④ 韦加庆.整体治理理论视野下构建农村社区治理机制的思考[J].行政与法,2012(12):68-73.
⑤ 王天崇,宋占丰.权力配置视角下的社区治理[J].经济与社会发展,2008(6):97-99.

（二）中国社区治理的模式与方向研究

新中国成立后,我国社区治理的基本模式从单位制走向社区制。1986年,民政部正式提出"社区"的概念,各地政府开展了各式各样的试点工作。以具体社区治理实践为方向进行社区治理研究的学术成果极为丰富。一些学者从历史的角度,研究我国城市社区治理模式和管理机制的嬗变过程。何海兵分析了新中国成立以来我国基层管理机制由单位制、街居制向社区制转变的发展过程,深刻阐述了这三种机制的产生、功能、历程和困境,并对社区制的发展进行了思考。[①] 基于对城市社区治理历史的回顾,一些学者探讨了目前我国社区治理的基本模式。王芳、李和中认为城市社区治理模式的选择需要符合治理环境,以便实现资源合理配置的最大化,因此政府主导下的城市社区治理具有一定的合理性。[②]

我国学者在实证研究和个案调查的基础上对社区治理模式进行了展望。魏娜认为,在社会经济体制改革与社会结构转型的双重背景下,我国社区治理模式需要从行政型社区向合作型、自治型社区转变。[③] 陈雪莲从城市基层治理模式转变入手,以北京市第一个街居制社区为个案进行研究,探寻城市基层治理中以社区制为载体的多元合作治理机制。[④] 郑杭生、黄家亮认为,我国城市社区治理模式创新的基本趋势是转向合作治理、分类治理和网络化治理。[⑤] 一些学者提出,社区治理模式未来的发展趋势是由参与式治理[⑥]向多中心治理[⑦]、开放式治理[⑧]转变,由网格化治理向合作共治[⑨]或合作治理[⑩]转变。此外,有的学者还关注我国城市社区治理创新中制度的持续性保障。燕继荣认为,应在政府

[①] 何海兵.我国城市基层社会管理体制的变迁:从单位制、街居制到社区制[J].管理世界,2003(6):52-62.

[②] 王芳,李和中.城市社区治理模式的现实选择[J].中国行政管理,2008(4):68-69.

[③] 魏娜.我国城市社区治理模式:发展演变与制度创新[J].中国人民大学学报,2003(1):135-140.

[④] 陈雪莲.从街居制到社区制:城市基层治理模式的转变——以"北京市鲁谷街道社区管理体制改革"为个案[J].华东经济管理,2009,23(9):92-98.

[⑤] 郑杭生,黄家亮.当前我国社会管理和社区治理的新趋势[J].甘肃社会科学,2012(6):1-8.

[⑥] 郑杭生,黄家亮.论我国社区治理的双重困境与创新之维——基于北京市社区管理体制改革实践的分析[J].东岳论丛,2012,33(1):23-29.

[⑦] 吴瑞财.多中心治理视野下的社区治理模式初探[J].内蒙古社会科学(汉文版),2010,31(1):114-117.

[⑧] 刘铎.开放式社区治理:社区治理的演化趋势——基于四个社区治理案例的分析[J].甘肃行政学院学报,2009(3):96-101.

[⑨] 朱仁显,邬文英.从网格管理到合作共治——转型期我国社区治理模式路径演进分析[J].厦门大学学报(哲学社会科学版),2014(1):102-109.

[⑩] 赵守飞,谢正富.合作治理:中国城市社区治理的发展方向[J].河北学刊,2013,33(3):154-158.

主导下,在社区治理创新中引入社会资本投资,促进社区自组织发展,建立"熟人社会"。①

二、居民参与理论发展脉络

单位制的解体让社会管理的任务从单位转移到国家,原有的社会管理结构已经无法满足基层社会的需要。随着新时代的到来,我国社区建设深入发展。然而实践证明,新时代下的社区建设离不开人民群众的参与,社会发展愈加迅速,与居民的联系就愈加紧密。从社区层面进行观察,居民参与社区建设的主题越来越受到学界的关注。

(一)关于居民参与的要素研究

关于居民参与的要素研究,主要从参与主体、参与边界与领域、参与方式与途径等方面来总结我国城市社区居民参与的程度与水平,即由哪些居民参与,参与社区治理的什么内容,以什么样的方式进行社区参与。

1. 对居民参与主体的研究

胡慧指出,目前居民参与的主体结构不均衡,在许多社区参加社区活动的主要是"一老一少",并且其实际参与率较低。白柯认为,作为社区成员主体的中青年人具有较强的参与意识,但由于工作繁忙和社区参与渠道不健全,这部分居民很少参与社区组织的活动,由此决定了社区居民的总体参与率偏低。彭惠青通过对城市社区建设中居民参与的历程进行分析,提出了参与主体的多元化构成,并强调通过理性行动增进参与主体的互信与合作。陈文认为,社区参与存在性别失衡现象,由于社区领导的性别意识和社区资源的性别差异,女性居民的社区参与率远高于男性。

2. 对居民参与边界与领域的研究

孙柏瑛和陈雅丽把社区参与的内容划分为社区政治参与、社区经济参与、社区文化参与(含体育、教育等精神参与)、社区生活参与、社区环境参与等。张亮和陈笑认为,居民社区参与在大多数情况下只是参与社区事务的运作,而很少参与决策和管理。

3. 对居民参与方式与途径的研究

孙柏瑛等把居民参与的途径分为以下几类,即以个体的身份参与社区选举

---

① 燕继荣.社区治理与社会资本投资——中国社区治理创新的理论解释[J].天津社会科学,2010,3(3):59-64.

或建设规划,以组织或单位成员的身份参与社区建设,以非正式组织的形式参与社区事务。杨贵华指出,当前居民的组织参与还主要局限于社会空间相对较小的社区民间组织、业主组织以及地域空间较小、人数较少的居民楼栋单元或院落,公共性不足,社会化程度不高,制度化渠道不畅。这就需要居民社区参与方式由以组织为主导向以组织为基础转换。概而言之,学界就我国目前城市社区的居民参与水平基本达成了共识。如陈伟东、高永久等认为,目前我国城市社区居民的参与程度与水平还远不能适应社区建设的需要,社区居民参与呈现出总体参与率低、参与主体构成不均衡、参与途径单一以及参与数量较少等特征。社区居民在大多数情况下只是参与较低层次的社区事务运作,例如社区的公共环境卫生保护、治安管理等。

(二)制约居民参与的因素分析

城市居民社区参与受限的原因是多方面的,既有宏观和微观方面的原因,即社区管理体制落后、社区组织发育不足、居民自身素质较低等,也有客观和主观方面的原因,即社区公共设施建设不足、居民参与意识较弱等。单位体制的持续影响、社区管理体制及管理方式的缺陷、经济体制转轨对社会生活的冲击等,是居民社区参与不足的主要原因。姚华、王亚南认为,改革措施不配套是居民社区参与不足的深层次原因,只有真正恢复居委会基层群众性自治组织的社会属性,使其能够在社区自治中发挥主体组织的作用,才能推进居民的社区参与。黎熙元、童晓频认为,社区制度设置与资源调配方式会影响居民的社区参与积极性,而参与的方式要在社区重建非私人性质的邻里关系的基础上,才能真正有效。李建斌和李寒认为,在社会转型期,社区自治组织的"准行政化"及社区内的社会关联度较低,致使社区参与严重不足。胡慧认为,居民参与不足的原因是由于缺乏便捷有效的居民参与机制,目前的社区参与机制还没有从实质上将居民行为完全纳入进来,居民从一定意义上讲仍然游离于这一机制之外。焦莉莉认为,社区公共产品供给不足、居民的利益及社区认同的不足是导致居民参与效果不佳的原因。涂晓芳和汪双凤认为,居民参与社区事务需要拥有一定的条件,这既包括一定的时间、知识、能力,还包括一定的经济基础及基于信任、合作的社会资本。孙柏瑛、游祥斌和彭磊认为,社区居民受教育程度与社区参与意识呈正相关,但与对社区居委会的认同呈负相关。概而言之,原有体制下形成的"单位参与意识"、行政化的社区管理方式、居民参与意识与条件不足、居民参与与社区利益相关程度较低等因素,是造成居民社区参与不足的主要原因。然而,居民社区场域的客观存在消解了凝聚社区居民的共同利益,导致居民对社区参与的冷漠。加之单位人惯习与社区居民的文化资本差异制约了居民社区参与的积极性,影响了居民社区参与的价值取向和主动性。此外,梁堂认为,基层政府信任与居民社区参与政策之间存在着矛盾和冲突的困境,使当前充分实现社区参与似乎还比较难。

(三)激励居民参与的对策研究

为了提升居民参与的程度与水平,需要从参与内容与渠道、组织化程度、法律制度、社会资本、福利体系、政府和社区的回应度及效率等方面进行探讨。彭惠青认为,公共服务对政府的塑造、非营利组织的发展以及社区组织的成长将推动居民社区参与,进一步扩大参与的广度与深度。张伟兵认为,积极探索社区服务运营模式,在保证服务机构生存的同时,不断提高社会服务同公众生活的关联度,是实现居民参与运作的政策调整。周银彩认为,要从发挥政府主导作用、社区体制、社区整合、改善社区生存环境、解决实际问题等方面着手,解决居民社区参与不足问题。张晓霞认为,需要从培养和塑造居民社区意识,完善社区参与机制和渠道,改革社区管理体制,强化社区居委会的自治职能和人才队伍建设,鼓励和提倡社区骨干的带动和示范等方面着手,提升社区居民的参与行为和效果。周旋认为,完善以居委会为主的组织机制和政府的引导机制,有助于社区居民参与的增强,有利于社区建设。

总之,研究者们针对居民参与不足所提出的对策大都是综合性的,主要从社区管理体制改革到社区间组织的培育,从社区建设的配套政策到居民参与的法律保障,从居民参与的条件创造到社区教育的深入开展等方面进行倡导。

(四)居民参与社区建设的功能与意义

徐永祥认为,参与是社区发展与居民安居之间的联系桥梁,通过居民对社区公共事务管理和各项活动的直接参与,不仅整合了社区内的各项资源,还逐步培育起居民的社区归属感与认同感,促使社区居民的参与力量成为社区建设的一股动力源泉。张伟兵认为,提高居民参与的程度将极大地有利于推动社区公共服务社会化的形成,同时居民积极、广泛地参与社区建设事宜是衡量社区服务建设成效的重要依据之一。杨荣认为,居民的社区参与是推动社区发展的重要力量之一,是促进社区自治的有效保证,是确保社区稳定、健康发展的重要举措之一。潘小娟认为,居民的有效参与将对社区发展的各个方面起到十分重要的推动作用,如社区民主政治建设、社区精神文明建设、社区公共服务提升等。

三、专业化理论发展脉络

（一）专业化的起源

托夫勒从工业生产专业化趋势，分析了专业化与分工的关系，认为专业化来源于第二次浪潮开始的对于工业化生产的精益求精。托夫勒把专业化的起因描述成是产销分离的正常现象，同时他也描述了专业化与职业化的"同生"关系，认为"某些分工垄断了秘传知识，并把'生手'拒之门外，专门的职业出现了"。而在这些专门的知识与平民之间，又有一个市场把两者相连，但是并未将其区分为生产者和消费者。例如，医疗保健事业中医生、医疗机构与病人之间的联系，教育事业中教师与学生之间的关系。托夫勒所描述的专业化的基本假设是工业生产浪潮中的分工细化与产销分离，这样的描述具有重要的启发意义。

（二）专业化的视角

从专业化的实现来讲，本书引入比较有解释力的三个视角对专业化进行解构。这里主要分为特征要素论视角、过程论视角和权力论视角。特征要素论的主要代表人物为卡尔·桑德斯。卡尔·桑德斯认为专业化有四大特征，其从19世纪英国新专业的增长来看，运用"专门的技能和训练"、"最低限度的报酬和薪资"、"专业协会的形成"和"规范专业实践的伦理规范"等要素来界定专业化。卡尔·桑德斯认为，这是不同职业所体现出来的共同特征。格林·伍德认为，专业是一个理想类型，专业应该有五个特征要素，即系统理论、专业权威、社会认可、伦理行为和专业文化。两者其实都揭示了专业化的某些特征，都提到了伦理行为、专业知识和社会认可。但是，格林·伍德的概括明显更加全面，其通过考察18种职业，对成熟专业的发展进行探究，认为在一般的专业化过程中，专业化成熟的过程即是职业化的过程，专业化成熟的标志是其成为一种全职工作。专业化过程在内部依赖"倡导者注意技术的掌握""专业培育""实验标准的设定"，在外部依赖职业化的专业协会的出现（该专业协会立足于对专业实务工作的推进）及对垄断技术的法律保护和正式的行为规范。威林斯基认为，一般的专业化都会经历上述过程。一方面，尽管两者对专业化的研究具有一定的开创性，但是随着时间的推移和专业化内涵与外延的不断发展，专业化的特征要素也在不断变化，需要进一步进行讨论。另一方面，格林·伍德和卡尔·桑德斯主要是根据自身的实践经验和工业化进程中的大众化共性而提出的专业化内涵，但是不同的职业，其专业化内涵又会存在差异。

福尔默和米尔斯明确提出，专业化是一个过程。他们认为，某些专业经常处于一个连续体之中，这个连续体的一端是理想类的"专业"，可以称之为发展充分专业，另一端则是发展不充分"专业"，可以称之为"非专业"。专业化是一个能影响任何职业专业化程度高低的过程。在这里，福尔默和米尔斯强调专业化是一种不断发展的、动态的变化过程。

威林斯基总结出专业化会经历一个怎样具体的过程，而福尔默和米尔斯则总结出专业化进程中的一种抽象状态。两者的学说虽然为我们认识专业化提供了很好的借鉴，但是也存在一些局限。

一方面，威林斯基考察特定职业从非专业变成专业的过程，似乎这种专业化已经完成，但是专业化的内涵会随着时代的发展而不断完善。比如教育学在不同的时代会被赋予不同的内涵，其从业人员要求、教育工具随着时代的变化而不断发展。虽然教师职业自古有之，但是其内涵和知识在不断扩展延伸，职业化的产生并不意味着专业化进程的完结，不同的时代会赋予职业化不同的时代内涵。另一方面，中国社会和西方社会不同，中国的很多职业并不是自然产生并发展的，而是基于国家的发展需要由官方设立的。

拉尔森认为专业是具有特定权力和声望的职业，社会之所以会赋予专业以权力和声望，是因为专业具有与社会制度的主要需求和价值观相联系的特定的知识体系，并且致力于服务公众。福赛斯和丹利斯韦兹认为，权力是专业的核心概念，从业者的自主性主要体现在其独立于服务接受者和雇佣机构，其独立于服务接受者和雇佣机构的自主性越高，其专业化程度也越高。正如托夫勒所讲，我们现在所处的一个时代，即所谓的"专家"告诉我们该怎么做的时代。"他们（专家）正向我们发号施令，教导我们应该'需要'什么"。在某些情况下，一些处于专业化发展浪潮中的人士虽然不承认专业化是权力实现的过程，但是无论如何权力已成为专业化的重要衍生品之一，所以权力是专业化的一种重要的衍生特征。很多西方学者从专业化权力的视角批判专业人士利用专业化对服务接受者实施控制，或者谋取个人利益。

国外研究引入的三种解释视角给予我们很多启示。特征要素论视角揭示了专业化的标准是什么，这些特征要素成为评判某一职业是否成为一个专业的标准，专业所具有的特征要素也是专业化的目标，即把专业化看成是使某一职业具有专业特征的过程，这对专业化的研究意义较大。过程论视角揭示了专业化的一种动态特征，专业化是一个没有尽头、不断向前发展的过程。不同职业在专业化过程中的发展方向不一样，同一职业在不同国家的发展也很不一样。在不同国家，即使是相同的职业，其专业化的过程也会不一样。专业化的过程是一种动态过程，我们要注意发展环境对其产生的影响。

权力论视角认为要警惕专业内部具有的特定的权力和声望。托夫勒认为，一方面，随着专业化浪潮兴起的各种职业群体，发出"要求维护自己专业"的呼声，要求给予自己专业以必要的权力。另一方面，职业也在对专业进行限制。由此可见，专业化也意味着权力的产生，这种权力的突出特性是排他性，这意味着专业把专业人士和非专业人士隔开。

我国学者也对一些职业的专业化提出见解。钟启泉基于教育学视角，从教师专业化的角度，认为教师的"专业化"存在两种模式。一是技能熟练模式，其假设为教师的专业能力受学科内容和专业知识及教育学、心理学原理与技术的合理运用的影响，教师的专业程度凭借专业知识、原理与技术的熟练度来保障。二是反思性实践模式，其特点是依赖有限情境的经验性知识，虽然缺乏严密性或普遍性，却是一种鲜活的知识。从教育学角度所提出的专业化是立足于两种话语体系：一种是基于专业领域技能熟练度的话语体系，另一种是靠实践知识来进行保障的话语体系。这两种话语体系勾勒出两种不同的教师形象。① 谭兵、王志胜从法官队伍的建构来讨论专业化问题，认为随着生产力的进步，社会经济关系在微观领域的技术特征日益突出，社会结构呈多元化和复杂化，法律本身也日益成为控制和协调社会与运行的技术系统，从最初人尽皆知的习惯规则上升为严密系统的实证规范体系，从而完成自身的专业化过程，这也导致任何非经专业训练的人不能胜任法官。其讨论法官专业化主要是从法律条文的规范化角度来进行的，认为法官职业的专业化伴随着其职业相关理论的规范化。② 从上述观点可以看出：首先，专业化是一个持续化的过程，是每个职业发展所必经的阶段，专业化必然涉及相关职业的专业理论的普及和推广；其次，相关领域内的专业化都与其日渐丰富的职业化的知识体系联系在一起，专业技术的应用和突破是职业专业化过程所共有的特征；最后，这里的专业化又和职业队伍发展联系在一起，职业队伍的发展作为一个专业化的重要特征而存在。

经过文献梳理，我们得出专业化的以下特征。

排他性：专业意味着对于职业的行业垄断和壁垒，垄断有很多来源，专业能力是垄断的重要源泉。专业化的排他性意味着从业者以专业性的行业知识将自身与普通人区别开来，也意味着从业者对服务的垄断。

复杂性：从专业化所面临的任务来讲，服务的任务与其他一般人物区别开来的标志就是服务内容涉及专业知识体系的个人自由应用。

自主性：专业对应的是具有特定权力和声望的职业，自主性是一种专业权

---

① 钟启泉.教师"专业化"：理念、制度、课题[J].教育研究,2001(12):12-16.
② 谭兵,王志胜.论法官现代化：专业化、职业化和同质化——兼谈中国法官队伍的现代化问题[J].中国法学,2001(3):132-143.

力。从专业化运行过程来讲,专业的自主性是指事务工作者在承受着来自服务使用者和雇主的压力的条件下仍然有独立决策的权力。

发展性:专业化的时代内涵随着人类实践的推移而不断发展,不同的时代赋予了专业化不同的内涵。时代内涵随着专业化主体的时代任务而定,随着时间的推进,时代内涵不断深化和发展。

尽管上述三种视角都有需要完善的地方,但是其对于专业化现象的解读给予了我们很多启示,对本书认识和推动专业化的相关研究具有指导意义。

(三)两种学科语境中的专业化

1. 经济学中的专业化

经济学中的专业化理论较早由亚当·斯密在《国富论》中提出,亚当·斯密认为劳动分工使生产活动更加专业化,使国家变得富有。而在制度经济学中,专业化更是与"交易费用"和"社会分工"联系在一起。企业和市场之间存在替代关系,企业的边界存在于进行专业化分工所带来的劳动生产率提高与分工导致的交易费用上升两力相抵的均衡之处。乔治·斯蒂格勒认为,分工和专业化的发展与市场竞争程度成反向关系,专业化的生产和经营会导致企业所面临的市场容量的缩小。随着劳动者的生产效率的提高,劳动者能够负担得起一定的交易费用,于是人们开始选择提升专业化水平。而专业化水平的提升又加速了物质产品的积累和技能的改进,使生产效率进一步提升,而每个经济主体在权衡专业化所带来的报酬和交易费用之后,认为可行,又会进一步提升专业化水平。这种动态机制使得社会分工自发演进。

由上可知,经济学中的专业化都是围绕着生产来讨论的,专业化的目标都是不断提升企业或者社会的生产效率,专业化意味着更低的成本和更大的利润空间,这也与经济学所追求的经济效能相对应。

2. 官僚体制发展中的专业化

马克斯·韦伯对专业官僚的兴起进行了论述,认为专业官僚应该具备长时间的预备训练、高度合格的脑力劳动水平与专业性知识训练,而政府工作的"纯粹技术性"及"无从躲避的诸般必要"决定了这种发展。战争技术的发展,造成了对专业军官的需要;司法程序的精密化,造成了对受训练的法律从业者的需要。

马克斯·韦伯从官僚体制的发展角度论述了现代官僚体制所需的专业化进路,其专业化指向于提升相关官僚体制的效率,其效能体现为行政效率的提升。

第三节 研究主题和研究框架

一、研究主题

社区工作者专业化的过程实际上映射着社区居民参与的状态。社区是城市建设的基本单元和有效载体,也是一面镜子,人能从镜子里看见自己的相貌,而居民参与状态反映着社区治理整体的发展状况。本书采取案例研究的形式,以不同专业化状态下的社区居民委员会的社区工作者为研究对象,对比社区居民的参与状态,探讨社区治理大众化和专业化之间的关系,通过深度描述ZL社区美食街等社区难题解决的过程,探讨专业化社区工作者在社区治理中的作用。

本书从社区公共空间治理困境和社区居民的组织化困境切入,笔者首先从案例入手,引入ZL社区治理难题,并立足居民参与理论,深描社区工作者从介入到解决社区治理问题的过程,探讨社区治理大众化与专业化之间的关系,并试图剖析专业化社区工作者在解决社区治理问题中的作用。

二、核心概念

(一)社区,城市社区

社区是社会的基本单元,是人们生活的处所。学界以社区的地缘要素和生活共同体要素对不同类型的社区进行了区分,前者指的是一定范围内的居民,侧重于地理位置、户籍、人口等要素;后者则更加强调生活共同体,强调居民之间的互动联系,侧重于共同纽带中的认同意识和相同价值观念。本书中的社区指的是社区体制改革之后做出规模调整的城市社区居民委员会辖区。

(二)社区工作者,专业化社区工作者

从学界来看,有的学者认为职业化的社区工作者指的是从事特定社会服务和管理的工作人员,包括社区居民委员会成员、社区服务机构的工作者及社区内从事社会公共服务的专业的社会工作者。[1] 有的学者将社区工作者和社会工作者等同起来,认为社会工作者就是具有社会工作的专业方法,身处政府或非

---

[1] 王思斌.试论我国社会工作的本土化[J].浙江学刊,2001(2):56-61.

营利性机构中,解决社区问题,促进社会和谐发展的社区工作者。[①] 在政府层面,民政部在1999年颁布的《全国社区建设实验区工作实施方案》中,将社区工作者明确界定为职业化的社区居委会干部、社区志愿者、社会中介组织、专兼职结合的理论工作者队伍。这一规定中的"社区工作者"一词的范围过大,不利于实际操作。而在《民政部关于在全国推进城市社区建设的意见》中,将社区工作者直接等同于"社区居委会干部",这一提法一直沿用到2016年。民政部在2016年联合十余个部门所印发的《城乡社区服务体系建设规划(2016—2020年)》中,将"社区工作者"和"社会工作者"都列入城乡社区服务人才队伍规划。随着基层社区治理的发展,社会工作领域面临诸多新的难题,岗位形式愈加丰富,城乡社会工作者队伍日益壮大。于是,在2017年发布的《中共中央 国务院关于加强和完善城乡社区治理的意见》中,提出把城乡社区党组织、基层群众性自治组织成员以及社区专职人员纳入社区工作者队伍统筹管理,建设一支素质优良的专业化社区工作者队伍。基于前文中对"社区工作者"一词的理解和积极探索,笔者发现,近年来随着城乡社会工作者队伍的不断壮大,社区工作者的内涵也从原先的单独的社区居民委员会成员扩充成了社区居民委员会成员、社区专职工作人员、社区志愿者、在社区从事公益服务的非营利性机构的社会工作者和社会工作的研究者等诸多群体。而本书从居民参与视角来讨论社区工作者专业化,从队伍的职能属性进行分析,社区社会工作的核心任务是引导居民参与,社区居民委员会承担"组织和动员居民自治"的职责与功能,其本身"群众性自治组织"的法理性语境也强调了其在组织和动员居民参与上的合法性与唯一性。有必要强调的是,我国的基层治理虽然强调多方参与治理行动,但是社会力量发育缓慢,整个社区治理的过程大多数仍然需要政府通过国家动员的形式让社区居民委员会起引领作用,这种实然的状态也使得社区居民委员会的社区工作者成为名副其实的"主力军"。所以在本书的研究中,笔者所表述的专业化社区工作者特指掌握了组织和动员居民参与技巧的社区居民委员会的社区工作者,本书中后续的讨论也将基于这一概念而展开。

(三)社区居民参与

对于社区居民参与的概念,学界基本趋于一致。社区居民参与指的是社区居民自觉自愿参加社区各种活动或事务,表达自己的意见和建议,并影响权利持有者决策的行为。社区居民参与的核心要素在于赋权增能,增进责任意识和能力建设。社区居民参与的目标应该与社区发展的目标相一致,其侧重点应在

---

① 孙莹.如何区分社会工作者与社区工作者[J].中国社会导刊,2007(21):32-33.

于增进社区福利和满足居民需求。① 陈标和艾凌认为,社区居民参与集体行动是实现社区居民集体福利最大化的必备条件。② 综合上述观点,笔者将社区居民参与定义为居民通过各种合法形式参与社区公共生活,回应自身需求,处理社区集体事务,增进集体福利的过程。

(四)社区治理大众化

社区治理大众化指的是在社区场域内,推动不同兴趣、不同性别、不同年龄及有不同专业能力的社区居民平等地、多形式地参与社区公共事务或公益事业的过程。"大众化"在中国特色社会主义治理的实际语境之内有一种群众性内涵,蕴含着一种平等性的价值选择。从方向上来讲,社区治理大众化的目标应该是让居民实现充分参与,让每个人都能参与到社区公共事务中来。这不但是社区治理本身的应有之义,也是让广大人民群众共享改革成果的基础。社区治理大众化具有三大特性。一是平等性。社区治理大众化的首要特性就是平等性,大众化的社区治理必然是建立在多主体平等参与的基础之上,在这里我们引入吉登斯对于平等性的解释。吉登斯把平等性定义为"包容性",并把不平等性定义为"排斥性"。吉登斯从新自由主义的视角将"包容性"一词进一步深化,认为包容性意味着公民资格及其基础之上的民事、政治权利与义务、公共空间的参与和相应的机会。笔者将吉登斯对于平等性的解释性概念引入社区治理的范围之内。本书重点在于研究社区公共事务的治理,不涉及选举等政治权利内容。因此,社区治理大众化中的平等性意味着在结果和流程操作上能使各个相关主体不被排除地进入相关利益事件的议论过程。在社区治理大众化的内涵中,社区内相关主体的参与应该具有相应的机会,这种机会不仅意味着参与主体的地位不被排除,而且意味着其参与过程中利益的表达和最大限度的实现。二是多样性。社区治理体系现代化课题的提出意味着更加复杂的治理情境,从社区居民的角度进行观察与思考。大众化的社区治理应该能让社区居民以多种形式参与到治理过程之中。大众化具有适应广大人民群众需求的特点,而人民群众本身的需求是多样化的,这种多样化从参与形式到内容都对社区治理提出了新的挑战。三是共识性。共识是治理的前提,没有多主体对治理目标之间的共识,治理活动将无从开展。从社区治理大众化的内涵来看,治理所围绕的核心是大众化。大众化不仅意味着社区治理中参与的平等性及针对大众的多渠道、多样化的治理,还意味着这种治理结果能让大众认同。共识的达成

---

① 江立华,陈雯.城市社区建设与增进居民福利[J].学习与实践,2008(7):138-143.
② 陈标,艾凌.社区居民集体行动:困境与激励[J].开放导报,2017(6):17-19.

是推动集体行动的基础。共识的达成意味着多方利益达到均衡,多方需求得到满足。

(五)社区治理专业化

社区治理专业化指的是社区场域内,治理主体以社区的在地性资源为基础,通过专业化的技术方法,推进利益相关主体平等协商,实现社区公共事务处理,促进治理效益提升的过程。从过程上来讲,专业化意味着知识体系的独立和升级。从内在构造来讲,专业化意味着更加丰富细化的理论与技术系统和更加熟练的操作人员。从发展性来讲,专业化并不具有某种固定的内涵,其本身的内涵随着时代更迭而发生变化。从结果来讲,效益的提升是其重要衡量指标。在阶段性的社区治理状态中,我国的社区治理正处于治理理念和方法的转型期。新中国成立以来,我国基层社区基本处于建设阶段,其基本思路是完善基层管理体制和基础设施建设,强化中央对基层社会的管理。但在单位制解体之后,单位对于个体的管理职责让渡给了社区和相关部门,低效能的"包办式"的管理模式已经不能满足社区治理的发展需求,社会治理需求的多样化也对社区治理提出了更高的要求。有必要强调的是,我国的社区建设有一个特点,即整个社区治理的开展都是在党的领导和政府牵头之下进行的,这种国家动员形式的出现有我国自身国情的原因。国家动员式治理所具有的命令与执行本身整齐划一、强制进行等特点,在社区建设阶段无疑发挥了良好的基础性作用。随着多元化的社区治理时代的到来,旧有行政式模式所采用的从行政资源"兜底"到使用行政方法"包办"已经不再能解决多样化的治理难题。多元化的社会意味着更加大众化的治理目标,更加专业化的工作方法和人才队伍,进而达到更加高效的治理。

三、研究方法和资料来源

(一)研究方法

本研究在马克思主义基本方法论的指导下,把静态分析与动态分析、价值分析与事实分析、一般分析与个案分析结合起来,尤其注重制度分析、案例分析的灵活运用。具体包括以下内容。

文献收集法:笔者收集学界目前关于专业化的相关学术综述和讨论,寻找相关统计资料和档案文献,检索和收集国内外相关研究成果。

焦点人物访谈法:笔者综合运用结构性访谈和非结构性访谈。结构性访谈主要用于收集组织层面的资料,目的是使所收集的材料具备可比性;而非结构性访谈则是针对不同群体使用的方式,这些群体包括组织社区公益创投活动和实验区创建中的政府单位工作人员、申报社区公益创投项目和参与实验区创建的基层社区工作者、社会组织负责人和参与社区公共项目的社区居民,对他们的访谈有助于笔者挖掘社区工作者专业化的内涵。焦点人物访谈法指的是对在案例运行过程中起关键作用的人进行长期的追踪访谈,探究其个人在长期的案例运行过程中所发生的各方面变化,并对其在受访过程中所表达的观点和开展的行动进行横向或纵向的深入剖析,以此对笔者所提出的观点进行进一步推演。

个案研究法:笔者对案例进行深描,对案例从困境到解决的过程进行深入探究,找出其内部的变化规律和启示。笔者主要选取 H 市 ZL 社区等的美食街治理案例,记录专业化状态下的社区工作者撬动社区居民参与志愿服务的个性化过程,探究具有共性的社区工作者专业化指标体系。

(二)资料来源

本研究的资料来源于笔者前期参与的 H 市 ZL 社区的调研材料、成都市成华区 2016 年社区公益创投项目材料、湖北省第一批社区治理和服务创新实验区终期验收项目材料、湖北省黄冈市黄州区创建湖北省社区治理和服务创新实验区相关材料、湖北省武汉市江汉区创建湖北省社区治理和服务创新实验区申报方案材料、湖北省武昌区东亭社区工作法相关材料等。

四、研究假设和研究框架

(一)研究假设

本书主要基于以下理论假设进行研究。
(1)社区治理进程中的居民参与困境集中表现为难以从少数化走向大众化。
(2)共治共享的社区治理格局需要靠大众化的社区居民参与来支撑。充分参与是社区良性治理实现的前提,在中国特色社会主义治理语境内,社区治理又包含着全民参与的价值导向,这使得社区居民的大众化参与成为我国社区治理发展的题中之义。
(3)社区治理的少数化转向大众化需要专业社工的支持。

(二)研究框架

社区工作者是社区秩序的维护者,是居民与社区之间的联络者,是重要的治理媒介。社区居民参与社区治理的状态深深地反映出社区工作者专业化状态。本书从社区治理困境出发,揭示社区治理大众化参与的内涵,深描 ZL 社区的美食街问题治理过程,透视专业化状态下的社区工作者解决美食街问题的过程,对比社区工作者不同专业化状态下的居民参与状况,探究社区治理由大众化转向专业化过程中专业社区工作者的作用。最后,笔者探讨了社区治理大众化基础上的专业化转向问题,并从社区工作者专业化对社区居民参与的影响角度,探寻专业化社区工作者的意义及其可能出现的现实风险。

本书共包括四个部分。第一部分立足于美食街治理困境,引入社区治理大众化的概念,通过案例深描,展示社区治理大众化参与困境,即 ZL 社区居民处于一种难以充分参与的社区治理状态中,从此角度分析我国社区治理的阶段性目标及其背后的内涵,直接进入案例深描。通过案例的描写,详细记录非专业化条件下的社区工作者佟书记为解决社区美食街治理难题所付出的努力。笔者认为,对自身角色的认识不足、缺乏一套科学的治理技术及社区居民自治能力和意识的缺失,是导致社区治理困境的主要原因。同时,笔者通过对 ZL 社区治理的持续追踪调研,发现专业化后的社区工作者大放异彩,其引导居民盘活社区资源,制定集体规则,让社区治理难题得以解决。笔者认为,ZL 社区大众化参与问题在专业社工的介入下得到了初步解决。第二部分阐述了社区治理专业化的内涵,并分析了其和社区治理大众化之间的关系,认为社区内部的大众化参与需要专业化的能力予以支持,大众化是社区治理的一种长期追求,而专业化是大众化参与得以实现的"钥匙"。笔者认为,社区治理专业化不但体现在治理技术上,更体现在对于社区自组织的架构优化和共同体精神的重塑上。第三部分讨论专业化社区工作者的内涵及其形成过程。笔者总结了专业化社区工作者的内涵,并揭示了其与社区治理专业化的关系,详细论述了专业化社区工作者的形成过程。专业化社区工作者是社区治理专业化目标得以实现的重要抓手。第四部分论述专业化社区工作者对居民参与的作用及其所受到的限制与风险。在社区公共事务治理过程中,居民参与状态是衡量治理效果的较好指标,无论是从居民参与的形式、开展的活动、内部的动力,还是从居民本身的自治能力上,都可以窥见专业社工的治理效益。同时,社区治理是一个多主体合作治理的过程,专业化社区工作者也受到社区内部多方治理主体的影响,需要在社区建立多主体之间的良性合作机制。

第二章 社区治理大众化与专业社区工作者支持下的治理实践

本章首先展现社区治理失衡状态下居民参与志愿服务的情境,分析社区志愿服务的缘起,大众化困境状态下社区社会工作者所面临的社区治理难题及为了解决治理难题所做的探索。社区环境整治一直是很多社区所面临的"老大难"问题,社区居民委员会的社区工作者作为社区的"螺丝钉"常驻于社区,背负着"上为政府分忧,下为百姓解难"的责任。面对社区治理困境,他们试图调动社区资源解决社区治理问题。但他们过于行政化的思维和非专业化的治理方法不利于解决社区治理困境,不但浪费了诸多治理资源,更造成了居民的理性冷漠。笔者在调研中运用实证材料对社区工作者的治理过程做了详细记录,通过对案例过程的详细深描,对社区工作者在治理过程中的关键节点进行了评议和分析,试图探究专业社区工作者在解决社区治理大众化难题中的作用。

学界对社区工作者专业化进行了诸多探索,普遍认为如今的社区工作者缺乏相应的科学的社会工作方法。此类研究多数是从基层社区的需求变化角度出发,认为如今的社区工作者的能力水平无法满足社区现阶段的需求,继而提出各种观点。笔者不打算沿用传统的纯粹的需求变化视角,转而从社区工作者自身的职能角度出发,从社区社会工作者所承载的法定职能出发,在社区公共事务治理范围之内,分析其所面临的治理困境,探究相应的解决过程。

第一节 社区治理大众化及其困境

一、社区治理大众化的内涵和特点

(一)大众化在不同学科中的相关研究

关于大众化的文献综述较少,本书集中从教育学、马克思主义哲学角度对大众化的含义和特征进行叙述。

1. 教育学中涉及大众化的相关研究

马丁·特罗在总结发达国家的教育大众化进程规律时,指出教育大众化这一概念不仅仅包含量的增长,同时也意味着质的提升。马丁·特罗将精英化、大众化和普及化作为高等教育发展的三个阶段,每个阶段都与其他阶段相区别,其中大众化的高等教育阶段突出表现为学术标准的多样化、课程结构的灵活化以及学生入学就读形式的多样化。①蔡克勇认为,知识经济社会的发展会带来需求个性化,伴随需求个性化所出现的需求多样化则会造成社会生产组织从大规模的标准化生产向个性化的小批量生产过渡,而这种变革会对高等教育体系造成影响。高等教育标准和模式的多样化是大众化的前提,高等教育大众化的过程是多样性和统一性相结合的过程。②邬大光认为,高等教育的大众化不仅是关于高等教育规模扩张的量的理论,同时也是一种预警理论,是揭示和解释高等教育活动变化的一种预警。③

2.马克思主义哲学中涉及大众化的相关研究

罗会德认为,马克思主义大众化的价值取向发端于马克思主义的实践属性,"投身实践"和"投身群众"可以说是一个问题的两个基本方面。大众化是指马克思主义基本原理从抽象到具体,由深奥到通俗,从少数人理解到多数人接受的过程,这种大众化的过程直接来讲是马克思主义表述的通俗化和可读性问题。④朱哲和曾庆勇指出,大众化是显在的意识形态要求隐性化的过程,大众化不仅意味着抽象理论的传播,也有被大众所认同、理解和吸纳并转化为行动指南的含义。⑤雍涛认为,马克思主义大众化有两层含义,一是通俗化,二是现实化。大众化是马克思主义中国化的一种形式,中国化的内容决定着大众化的形式,大众化又影响着马克思主义中国化的效果和进程。⑥

从相关研究可以发现,大众化概念在教育领域大多源于马丁·特罗的相关研究,而按照马丁·特罗的观点,高等教育的大众化不是一个目标理论,而是对已经发生的高等教育现象的一种描述。简而言之,教育领域的大众化主要指直接受到受教育人数扩大的影响,从而导致教育层次和类型的增多,以及教育目的、内容和效果的不同,是一种结果性描述。而在马克思主义哲学中,大众化可

---

① 谢作栩.马丁·特罗高等教育大众化理论述评[J].现代大学教育,2001(5):13-18.
② 蔡克勇.大众化的质量观:多样性和统一性结合[J].高等教育研究,2001(4):7-9,15.
③ 邬大光.高等教育大众化理论的内涵与价值——与马丁·特罗教授的对话[J].高等教育研究,2003(6):6-9.
④ 罗会德.马克思主义大众化的历史进程和基本经验——30年的回顾与总结[J].社会主义研究,2008(6):28-32.
⑤ 朱哲,曾庆勇.马克思主义大众化与马克思主义化大众[J].湖北大学学报(哲学社会科学版),2008(3):29-31.
⑥ 雍涛.马克思主义中国化与大众化关系论析[J].河北学刊,2008(3):20-22.

以理解为当代马克思主义的通俗化、生活化、普及化等[①],其本身具有"理论普及化"与"实践生活化"的双重属性。综上所述,我们可以发现大众化本身的三个要素:其一,大众化本身是一个动态过程,这种动态过程不但指的是其在隐性层面始终处于一种适应性和发展的过程中,同样意味着其在显性层面的传播性与普及化;其二,大众化本身的民众要素,大众化一定是贴近普通居民的需求的,这是其发展的源泉和根本要义;其三,大众化不是简单的普及,而是多层次、多样化前提下的大众化,大众化本身带有需求多样的前提,这也是大众化本身发展的内在诉求。

(二)社区治理大众化的内涵

谈及社区治理大众化,需从"大众化"一词开始追根溯源。《现代汉语词典(第7版)》把"大众"定义为群众、民众,把"大众化"解读为变得跟广大群众一致,适合广大群众需要。由此我们可以看出大众化本身的人本主义倾向,"大众"是一种基本的取向,"化"则代表着某种状态,在这里可以理解为朝大众的方向发展。对这种发展的内涵,不同的学科有不同的界定。"大众化"一词最早被应用于教育学之中。潘懋元认为,高等教育应当经历从精英化到大众化的阶段,大众化不仅仅是量的变化,同时也是"质"的要求。大众化是一种在精英化基础之上的发展变化方向,其与精英化不是一种替代性关系。他把大众化作为教育体系发展的方向,提出建立以多样化为前提的大众化体系,并将大众化的含义寓于不同层次教育的发展之中,在其研究中的大众化具有多样化的内涵。[②] "大众化"一词同样被应用于马克思主义研究中,《十七大报告学习辅导百问》将马克思主义大众化定义为从抽象到具体、由深奥到通俗、由被少数人理解和掌握到被广大人民群众理解和掌握的过程。[③] 从定义中可以发现,马克思主义研究中的"大众化"具有推广和普及的含义,其将"掌握"作为大众化的一个主要标准。大众化同样被应用于文学界的研究中,隋华臣从各种文艺大众化的运动入手,提出文学界大众化中所具有的平民化的内涵。从以上基于不同学科对大众化的研究,我们可以发现大众化均涉及人群,并且都具有一种广泛性的含义在内,是一个覆盖范围由少到多、接受群体由单一到多元的过程。而在本书中,笔者主要从政治学领域的视角来探索大众化的内涵。

"社区治理"这个概念在我国出现于20世纪90年代,此前多使用"社区管理""社区服务""社区建设"等概念。对于作为"社区治理"的高一层范畴的"社

[①] 邱柏生.推进当代中国马克思主义大众化的路径和过程[J].思想理论教育,2008(5):8-13.
[②] 潘懋元.高等教育大众化的教育质量观[J].江苏高教,2000(1):6-10.
[③] 本书编写组.十七大报告学习辅导百问[M].北京:学习出版社,2007.

会治理"概念,官方的首次使用是在中共十八届三中全会通过的《中共中央关于全面深化改革若干重大问题的决定》中,该决定提出了创新社会治理体制的要求。从实践的角度来看,社区治理理论在社区建设、发展和管理中的实际运用,是社区利益相关者合作管理社区公共事务的活动和过程。目前较一致的观点认为:社区治理是在法制化、规范化的前提下,由政府行政组织、社区党组织、社区自治组织、社区非营利组织、辖区单位以及社区居民等多主体共同管理社区公共事务的活动。[①]

顾名思义,社区治理大众化中的"大众化"即为社区治理的一种目标和价值取向。有的学者从居民自治参与的角度来讨论,认为社区治理大众化的含义包括普遍的居民参与、参与的非组织性与非均衡化以及参与的自利性。[②]但是本书不从这个角度进行界定,笔者认为大众化具有群体性的概念在内,具有一种普遍的价值观,尤其在中国特色社会主义治理的实际语境之内又有一种群众性内涵,蕴含着一种平等性的价值选择。从方向上来讲,社区治理大众化的目标应该是让居民实现充分参与,让每个人都能参与到社区公共事务中来,这不但是社区治理本身的应有之义,也是让广大人民群众共享改革成果的基础。社区治理大众化的方向及其实现过程必定是充满了诸多挑战的,社区治理大众化并不一定意味着社区治理的有序化和高效化,但是只有在大众化基础之上,社区治理才能有更加广阔的发展空间。大众化和在其基础之上所产生发展的组织化或其他发展趋势并不一定是一种"扬弃"的关系,大众化的价值取向并不会因为其他价值取向的发展而被淘汰,反而应该成为一种长期的价值追求。社区治理不是属于社区哪一个主体的任务,而是属于社区所有主体的任务。基于以上思考,笔者把社区治理大众化定义为推动不同兴趣、不同性别、不同年龄及有不同专业能力的人员平等地、多形式地参与社区公共事务或公益事业的过程。

社区治理体系现代化课题的提出意味着更加复杂的治理情境,从社区居民的角度进行观察与思考,社区治理大众化不仅意味着平等性,同样意味着多样性。大众化的社区治理应该能让社区居民以多种形式参与到治理过程之中。大众化具有适应广大人民群众需求的特点,从社区治理的应有之义来进行讨论,社区治理大众化应该让各个治理主体以多种形式参与到治理中来。

共识是治理的前提,没有多主体对治理目标之间的共识,治理活动将无从开展。从社区治理大众化的内涵来看,治理所围绕的核心是大众化。大众化不仅仅意味着社区治理中参与的平等性及针对居民大众的多渠道、多样化的治

[①] 邱梦华,秦莉,李晗,等.城市社区治理[M].北京:清华大学出版社,2013.

[②] 罗家为,冯志峰.城市社区治理的模式转向:社会化与专业化[J].甘肃行政学院学报,2017(6):114-124,128.

理,还意味着这种治理结果能让大众认同,这种认同是建立在共识的基础之上的。大众化并不意味着散乱的"各抒己见",相反意味着参与社区治理的大众能够实现完整的自我表达,并且达成共识。社区治理大众化中的共识性特征具有特殊意义,平等性大多是对应社区治理大众主体性地位和程序而言的,多样性则是针对社区治理的形式而提出的,共识性是针对社区治理的结果而要求的。对我国社区治理的实际进行讨论,其中符合大众化的治理共识较少。有学者通过研究社区建设中的居民参与的案例发现,传统意义上的社区参与中,居民的到来多数情况下是受到了社区居民委员会的邀请,[①]居民的行动反映着社区居民委员会的意愿。当社区参与大众的共识被替换成了社区居民委员会的示意,社区治理也就失去了其题中之义,这也间接表明社区治理对居民大众的共识性的要求的必要性。

二、社区治理大众化所面临的困境及其后果

(一)困境

社区治理大众化意味着不同兴趣、不同性别、不同年龄及有不同专业能力的社区成员平等地、多形式地参与社区公共事务或公益事业的过程。大众化的基础是居民参与,居民参与就像是土壤,而社区治理就像是土壤上结出的果实。没有居民参与,就没有社区治理,更谈不上社区治理基础上的各种发展性追求,社区治理大众化更是无从谈起。居民参与如同社区治理的"源头活水",没有居民参与,社区治理就会失去其本来的生命力。现阶段的居民参与不足突出表现为三个"无"。一是居民参与无动力。长期包办思维下的社区难以抓住居民参与的诉求点,社区工作者和居民之间难以产生顺畅、完整的对话,社区工作者不明白社区居民的真正诉求,导致社区居民对社区开展的各项活动不感兴趣。二是居民参与无持续。社区没有掌握有效的动员方式和激励方式让社区居民长期参与到社区活动中来,包办模式下的"突击式"参与和"裹挟式"参与层出不穷。三是居民参与无公益。在面对社区公共问题时,社区居民往往选择"袖手旁观",而在个人利益与公共利益发生冲突时,则容易发生个人或利益一致的群体运用抗争式手段向政府索要服务。[②]

为什么居民参与在现代社区难以实现?笔者将原因总结为两点。一是市场经济的到来导致主体之间需求关系的变迁和居民的责任道德观塑造缓慢。

[①] 阿兰纳·伯兰德,朱健刚.公众参与与社区公共空间的生产——对绿色社区建设的个案研究[J].社会学研究,2007(4):118-136,244-245.

[②] 奥尔特加·加塞特.大众的反叛[M].刘训练,佟德志,译.太原:山西人民出版社,2020.

在单位制解体之后,人的需求被交给了社会。在以往的社会结构中,单位实际充当着"社区"的角色,单位几乎成为唯一的总代性社会组织①,个人的吃穿住行都归单位解决,人们日常碰到了什么问题都去找单位,单位自然而然地成为一个密集交流的场所。人们"单位人"的身份被强化,大多以单位家属院落为中心聚集居住,整个社区处于一种类熟人社会的条件中。虽然在社区框架内以社区居民的身份集体参与公共事务的情况不多,但是单位制条件下对个体居民参与并不排斥。公共交往的背后是较大的单位关系网络,人们不一定要在社区框架内解决社区内部的问题。下面拿笔者在社区调研中发现的一个案例来讨论。X社区是一个单位制下形成的小区,小区私装遮阳板本来是一个社区公共事务问题,但是在当年的职工大会上,全体职工经过讨论做出了不允许私装遮阳板的决定。在单位这样一个巨大的容器里,人们生活的一切都与单位相连,但至少人与人之间并不疏远。而在单位制解体之后,原有的社会关系网开始破裂,单位对社会的供给职能也在分解,生活性的需求被交给了其他部门。现代性话语下人的需求被各个社会主体共同承担,人们不再对单位等主体产生唯一性的依赖,社区居民委员会的权威性也在下降。这里笔者引入一位社区主任讲的经历。这位社区主任说,以前社区里面的居民找他办事,居民会先小跑到其面前,客套一番后,再谈事情,现在则变成了隔着老远就在叫嚷:"××,你站住!我有个事跟你说。"居民前后态度的变化也暗示着居民与社区之间权利关系的变化。同时,随着市场经济的发展,个体居民的权利意识逐渐形成和增长。但是由于缺乏道德层面教化基础,加上现代化的价值体系和道德观塑造的一些问题,过度个人主义带来的是畸形的"权利-义务"价值体系。人们对自己的事情"倍加关心",却对公共事务"置若罔闻"。长此以往,社区居民的"理性冷漠"的状态生成。所谓"理性冷漠",指的是在社区治理中,社区居民理性地选择旁观,而不采取行动,但是他们又会在治理行动中理性地获取治理果实,保护自己在治理活动中的收益。② 二是社区各类主体的治理能力较弱,无法适应日益错综复杂的社区治理情境。改革开放以来,多元社会正在快速发育,多元利益和多元冲突日益增多,基层社会组织或组织化的集体行动越来越多。治理新时代到来,依靠什么进行治理?只能是制度化的、利益的力量及组织的力量和专业技能的力量。从治理的含义来看,社区治理本质上指的是在社区场域,政府、企业、社团、居民等相关主体通过平等合作共同解决社区问题的过程。因此,这个过程也是各主体在一定结构和机制下的民主参与过程,对社区治理主体的能力提出了新

---

① 孙立平.社区、社会资本与社区发育[J].学海,2001(4):93-96,208.
② 陈伟东,吴岚波.行动科学视域下社区治理的行动逻辑及生成路径研究[J].吉首大学学报(社会科学版),2018,39(1):41-48.

的时代要求。从这个意义上讲,好的治理依赖充分参与,而参与程度又与制度、规则、技术等象征社区主体治理能力的指标相关。

(二)后果

大众化参与困境在社区内长期存在导致两个重要后果。

1. 社区公共空间破碎

公共空间较早被提出时大多指的是具有开放性且民众可以自由参与并发表自身言论的场所。哈贝马斯在解释其所提出的"文学公共领域"一词时指出,公共空间可以理解为一个私人聚集的场所,但是人们在这个场所讨论着公共领域交换规则等问题。国内诸多学者把"公共空间"一词引入社区,尝试对社区公共空间进行解构和讨论。李雪萍和曹朝龙把社区公共空间定义为独立于政府部门和市场之外,由社区居民参与而建立起来的社会关系空间。[①] 何正强从社会性角度把社区公共空间定义为具有某种公共性且以特定空间固定下来的社会关联性和人际交往结构方式。[②] 综上所述,公共空间看起来是一个时空概念,但是在诸多研究者的笔下,我们可以窥见其中的社会性内涵。公共空间不仅代表着物质的实体,更意味着其中包含的秩序和资源及社会关系。长期以来,居民在"理性冷漠"的环境下,较难产生以公共问题为目标的社区参与。而在失去交往的社区场域内,人们之间的熟悉程度较低,社区公共秩序越发难以生成。同时,个人身上所蕴含的社会资源被浪费,公共资源面临着个体化的侵蚀。如此条件下的社区公共空间支离破碎,导致社区治理困境。

2. 社区社会资本流失

社会资本起初被认为是一种社会资源。布迪厄认为社会资本指的是一种能够为组织提供支持并与制度关系网络相联系的社会资源。普特南则认为社会资本是一种组织特点,如信任、规范和网络等,这些特点具有生产性并且能够促进合作,进而提高社会效率。国内学者将社会资本引入社区治理的场域之内,罗家德和方震平把社区社会资本看成是社区治理的一种手段,社区治理则是培育社区资本的根本途径。[③] 闫臻通过论述社会资本嵌入陕南农村社区治理的实例,证实了社会资本与社区治理之间的内在逻辑关系,认为社会资本的丰富程度与社区主体的参与水平有着相互影响的关系,规范、信任和参与是影响乡村

---

① 李雪萍,曹朝龙.社区社会组织与社区公共空间的生产[J].城市问题,2013(6):85-89.
② 何正强.社会网络视角下改造型社区公共空间有效性评价研究[D].华南理工大学,2014.
③ 罗家德,方震平.社区社会资本的衡量:一个引入社会网观点的衡量方法[J].江苏社会科学,2014(1):114-124.

社区治理网络的主要因素。① 综合中外学者的观点,可以发现,无论社会资本的本质究竟是什么,学者们一直都在强调其支持性,社会资本的存在与增长会促进和提升社区内人与人之间的交往程度。在社区治理处于大众化治理困境时,人与人之间难以产生互动交往,社区个体对社区的认同程度较低,更难以建立互惠互利的关系,社会资本增长所带来的社会信任难以产生,其中包含的社会资源被搁置与浪费。

第二节 ZL 社区美食街的治理尝试

罗素说"了解一个人首先要了解其生长的环境",而了解社区工作者首先要透视其所处的职业背景——社区。在西方,社区的概念较早由滕尼斯提出,滕尼斯认为社区是"一种由同质人口组成的具有同样的价值观念,守望相助,出入为友的社会共同体"。波普诺认为社区是指"在一个地理区域围绕着日常交往组织起来的一群人"。在西方视角下,社区的社会属性更加彰显。不同于西方社区,虽然中国学界也有学者提出社区是若干社会群体或者社会组织聚集在同一地域里,形成一个生活上关联的群体,②但是中国的社区自成立以来便贴上了行政化的标签。中国的社区又被称为行政社区,是按照一定的行政区划划定的区域,是政府规划的产物。在计划经济时期,这样的设定具有管理的单向性,社区居民委员会作为群众性自治组织,在很长时间内实际扮演着拾遗补阙的角色,其自身的组织特点被总体性社会背景下的权力体制同化。实际上,社区居民委员会是作为街道办事处下一级的行政机构而存在的,其演变路径是街道办事处在进行本身的行政扩张。与其他行政部门一样,街道办事处也在想方设法建立自身的"条条"③,而社区居民委员会里的社区工作者④大多数扮演着"管理者"的角色,很多人把这个时期的社区工作者称为"居委会干部"⑤或"社区干部"⑥,其职能特征与基层公务员相混淆,自治属性在其活动中并不明显。直到1999年,民政部颁布《全国社区建设实验区工作实施方案》,明确了"社区工作者"这一提法,并对社区工作者队伍的职业化做出了发展规划。2000年民政部

---

① 闫臻.嵌入社会资本的乡村社会治理运转:以陕南乡村社区为例[J].南京农业大学学报(社会科学版),2015,15(4):26-34,132.
② 彭华民,杨心恒.社会学概论[M].北京:高等教育出版社,2006.
③ 陈伟东.城市社区自治研究[D].武汉:华中师范大学,2003.
④ 在1996年以前并无"社区工作者"这样的官方表述,本书中的社区工作者特指从事专职社区工作的社区居民委员会成员。
⑤ 李永红.造就高素质的社区工作者队伍[J].沈阳干部学刊,2005(4):59-60.
⑥ 李芹.职业化社区工作者与专业化社区工作者的关系[J].社会工作,2003(1):25-27.

出台的《民政部关于在全国推进城市社区建设的意见》中提出要逐步建立社区工作者队伍,要从下岗工人和大中专毕业生中选聘优秀人才。伴随着各地掀起社区建设的热潮,社区居民委员会建设被提上日程,社区工作者队伍正式开始职业化进程。2003年,上海市出台了《上海市社会工作者职业资格认定暂行办法》,率先开始社会工作者职业资格考试。随着2004年《社会工作者国家职业标准》与2006年《社会工作者职业水平评价暂行规定》的相继出台,社区社会工作者的评价体系开始慢慢健全。从20世纪50年代正式提出建立社区居民委员会至今,社区工作者的定位一直较为模糊,其实际职责随着不同时期的政治需要而发生变化。但是值得注意的是,在自上而下的压力机制下,基层社区很难保证自身的独立性,身处社区居民委员会的社区工作者,长时间接受着行政压力机制各方面的影响,其工作方式也因近邻效应而大量采用诸如以"命令""执行""检查"等"包办性"手段为主的行政化方法。

大众化参与是现代社区治理的时代追求。以往的社区工作者大都处于一种类似行政化的管理之下,即政府通过科层制行政网络实现对社区的整合和控制。市场经济到来后,单位社区化的管理模式难以与社区生活主体多元化的现实相适应,流动开放的多元化社会不断冲击着僵化封闭的社区管理方式,社区工作者该何去何从?笔者选取ZL社区美食街的治理案例,从社区工作者视角入手,通过对治理过程的描述,探究其所处的治理困境,透视其治理逻辑的变化。

一、ZL社区美食街治理困境

解决问题需从认识问题开始,在描述ZL社区的治理困境之前,笔者首先介绍其治理背景。笔者将对ZL社区的基本情况,美食街的由来、空间布局和运行状况等,做出简单介绍。交代商户为何和住户发生冲突,从而导致治理困境。

（一）美食街的由来

ZL社区位于H市HSG区,建成于2002年。ZL社区地处H市中心城区繁华地段。ZL社区成立了由社区居民与社区工作者共同组成的"善益楼"志愿者联合会。社区内已经备案的社会组织有社区时装队、社区美食评鉴协会、社区腰鼓队、社区舞蹈队等。

1. 政府的规划

H市是华夏青铜文明的发祥地之一,是中国近代工业发展的重要代表城市。2005年,H市政府出台了相应的旅游美食拉动战略规划,将其作为挽救这座老工业城市总体经济下滑的一个补充性计划,加快建成三大美食功能区(美食街与特色古镇,旅游风景区与非遗一条街,大型商业综合体与社区),力图寻找 H 市第三产业新的增长点。

ZL 社区地处大型商业综合体与社区,是 H 市 HSG 区重点的美食功能区。ZL 社区作为 HSG 区的中心城区,肩负着盘活美食功能区与城市区域整治的双重任务。ZL 社区作为 HSG 区展示市政面貌的重要窗口,引来了诸如城管等多部门的联合监管。从 ZL 社区布局来看,整个社区较为封闭,呈现类"目"字形特征,社区的美食街坐落于社区正南方位的黄冈路上,地理位置处于"目"字下部的"口"字的正中央。从黄冈路西边的出口而进,从交通路 40 号至交通里 14 号 1 单元为美食街所在地。黄冈路靠颐阳路和武汉路的巷落均为沿街美食商铺,二楼及以上为家用住宅,整体为商住混合格局。从黄冈路自身的空间结构可知,黄冈路的整体布局相较于广场路与消防路显得更为紧凑,整体美食商户基本集中于这一块。黄冈路作为唯一连接交通里与颐阳路、交通路的枢纽干道,车辆、行人较为密集,这样特殊的空间布局也为商住矛盾的产生留下了隐患。

2. 商户主体的进驻

ZL 社区的美食街自黄冈路与交通路的交叉口而进,各种美食诸如剁椒鱼头、酸菜鱼、吊锅、串串香、牛杂火锅等挤满了这条不足 600 米的巷落,空气里溢满了香气。整体来讲,美食街的菜系以湘菜为主,加之湖北地方菜系的影响,其特点是量大油厚、咸辣香软,具有明显的山乡风味。自 2012 年开始,陆续有湖南、江西等地的商户来到这里。到目前为止,外来商户占据了整条美食街商户总数的 70%以上。商户基本吃住都在店里,没有严格的营业时间,深夜持续营业,车来车往成为美食街的常态。当地居民基本都知道,ZL 社区有这样一条美食街,是闲暇时间与亲朋小聚的好场所。慢节奏的生活与年轻人对夜生活的青睐,使得黄冈路美食街在当地非常火爆,从上午 10 点钟到深夜,黄冈路美食街都充满了食客的身影,这条街也被当地人称为"舌尖上的 ZL"。

(二)美食街的负外部性

黄冈路美食街的形成改变了 ZL 社区的总体格局,其满足了政府对其本身的一种商业规划,拉动了 ZL 社区内的街区经济,但是也对居住在美食街周围的居民产生了不好的影响。笔者这里引入现代经济学中的外部性进行阐释。外部性概念较早由马歇尔在《经济学原理》中提出。外部性理论指出,在经济发展过程中,不但要关注其产生的经济效益,更要注重其对社会环境的影响。经济学里的外部性又分为正外部性和负外部性。正外部性指的是除了其本身的经济收益外的"溢出收益",而负外部性则指的是在获得经济或者其他效益过程中所产生的损失。比如美食街为居民提供了方便的饮食环境,但是同样也造成了污水横流、油烟扰民等问题,居民与商户共同承担了负外部性的后果,这也是商户和住户产生矛盾的根源。

下水管道都被堵塞了,油烟把墙体熏得都是黑色的。我住楼上,平时窗户都不敢打开。就这样,我房间还是一股子酸菜鱼味,被子上都是,你说这怎么办?而且从来没有营业时间的限制,想什么时候营业就什么时候营业,经常凌晨一两点了外面还在嚷,你压根就没法休息。而且自家的卫生也不搞干净,泔水到处都是,地上都是油。对面那家的老人上次因此摔倒了,跟他吵了老半天,你说这由谁来负责?

(资料来源:黄冈路美食街住户访谈,20190711WLB)

笔者从居民的话语中了解到,黄冈路美食街所产生的噪声、油污等负面影响使得美食街的商户和住户的关系变得紧张。随着美食街的火爆,商户和住户之间的关系也慢慢开始破裂。美食街类似一个小的企业群,而不同于一般的企业集群。美食街的企业群的特点是产品生产与销售的集中。一些大型企业的生产地与销售地分离,其生产所产生的社会成本并不直接影响其销售。外部性源于企业的经济活动的分散性。从成本与收益角度考虑,生产者在生产与销售分离的情况下不可能自觉地将外部的不经济性纳入成本。而黄冈路美食街的生产与销售的高度重合性,导致其自身也因其所产生的噪声、油污等负外部性受到了直接影响。

现在环境差了,很多老客人都觉得不方便就不来了,我们这条美食街这几年换人换得很频繁。前面那个角落的回锅牛肉换成了水煮鱼,又换成了冷锅鱼。现在生意都不好做,眼看人都不来,慢慢其他观望的商家也少了。现在转租也是个问题,老家娃儿学习成绩也不太好,其实我现在也想回去,但是把店盘出去估计也要几个月。

(资料来源:黄冈路美食街商户访谈,20190712WLB)

以前来得多一些,火爆的时候朋友们都来这,这里的酸菜鱼算是这个区做得极好的,是老字号。但是后来就少了,吃饭总还是要看环境的,你看这泔水到处都是,住在上面的(居民),又经常来扯皮,有时候这样一闹,一顿饭就没有滋味了。

(资料来源:黄冈路美食街食客访谈,20190712WLB)

从对美食街的商户与食客的访谈可知,美食街环境的恶化,也影响到了黄冈路商家的日常经营,黄冈路美食街也失去了往日的"辉煌"。外部性矛盾的背后是群体利益之间的冲突,而美食街作为一个公共街道,城市也对其承担着管理的职责。城市管理是指城市管理主体通过法律、行政、经济手段,纠正城市外部的负面影响,建立正面效应的过程。① 而在黄冈路美食街环境恶化的过程中,受到了城市管理主体——城管的介入。

  这个街是我们的重点巡查地段,我们经常来做检查,修一下电缆,查一下下水道,说白了就是给他们提供服务。但是他们(商户)也跟我们闹矛盾,我们执法时要他们清理一下泔水,他们不肯。把泔水倒在路边肯定会影响市容市貌,他们不听,这让我们不好办。再就是占道经营,跟他们说了很多次了,我们一来他们就撤掉,我们一走他们又支起来。这个地段就在我们的中心城区,区政府离这里没有几条街,我们也很难办。

  (资料来源:黄冈路美食街城管访谈,20190713WLB)

  从对城管的访谈可以了解到,美食街环境的恶化也给城管增加了压力。城管是美食街的直接管理者,美食街的负部性不但影响到商户和住户之间的关系,也给城市管理蒙上了阴影。城管作为压力机制下的执法人员也和商户发生了冲突。哈丁在其设置的"公地悲剧"情境中指出,所有的经济人都追求自身利益最大化情况下的结果,哪怕等待着他们的是悲剧性结局。在黄冈路美食街治理困境中,城管出于自身的考核要求,执法目的是实现街道整洁,调解商户和住户关系。但是美食街的可持续发展并不在其考虑之列,单个商户追求自身经济利益的最大化,造成环境污染与邻里关系恶化,导致市场需求流失,居民更是不堪其扰。

二、"夹缝"中的社区工作者

  在1999年民政部颁布的《全国社区建设实验区工作实施方案》中,提出要建设职业化的社区工作者队伍。这里对社区工作者队伍进行了具体概括:职业化的社区居民委员会干部;社区志愿者;社会中介组织;专职或者兼职的理论工作者。以上是广义上的社区工作者队伍。从狭义上来讲,长期以来,社区工作者指的是社区居民委员会的工作人员,后因社区建设的推进和社会工作相关学科的发展而包含更多的群体。我国特殊的社会环境和制度决定了社区居民委员会的职责与功能,社区居民委员会作为居民自治职能的载体,承担了诸多社会服务的职责与功能,是连接政府与基层社会的桥梁。同时社区居民委员会本身就是国家为了将政权向基层渗透而建立的组织,其在初期就经历了国家化的改造,承担国家的职能也一直是其主要职责。但是从国家的行政成本来看,自社区居民委员会成立之初,国家就不断强调其要"自己解决自己的问题"。这种

---

① 劳炯基.外部性理论与城市管理研究[J].开放时代,1997(6):86-91.

条件下的社区居民委员会自其运行之日起就不可避免地展现出社会"自谋福利"的运行逻辑。① "夹缝"中的社区工作者处于一种尴尬境地。

(一)"夹"在考核压力下的佟书记

佟书记是 ZL 社区的副书记,在社区内部分管社会组织管理和社区党建,她是 2015 年因社区换届从别的社区调任至 ZL 社区的。刚到社区的第一天,社区一把手陈主任就对她说:"你的任务就是把门口那个街道搞好。你把它搞好了,今年考核及格;你搞不好,我们日子都不好过。"在这样的压力下,佟书记上任了。

我也面临很多问题,我一来这里人生地不熟,陈主任一上来就要我去解决美食街整治问题,我能怎么解决?这就是上级的压力,你不搞也得搞。其实他(陈主任)也难,我知道,这是上面在给他下任务书。在我们之前的那个主任,他就是连续两次没完成上面的考核指标,后来他这个主任就当不成了。不过事情嘛,还是要看你怎么想,他(陈主任)让我来做这个事,也是信任我,我还是得想法子把这个事解决。

(资料来源:ZL 社区居民委员会佟书记访谈,20190715WLB)

社区处于行政的末梢,由于法定的指导与被指导的关系,社区被街道办事处内化为自身科层体系的组成部分,成为"类行政化"组织。② 社区居民委员会成为政府基层治理职能延伸的工具和落脚点。上级政府通过科层制把政策意图贯穿至各基层部门,社区工作者所处的社区居民委员会也被纳入这个序列。上级政府通过下达指标、分配任务等方式将其意志向下延伸。区政府"派活"到区内各部门,区内各部门"派活"到街道,街道又"派活"到社区,社区一把手再"派活"到分管的副书记。在科层制模式的影响下,上级的任务被"不容置疑"地贯穿下来,社区环境整治问题变成了行政任务,时刻挑战着佟书记的神经。

然而,不同于政府内的上下级部门,社区工作者具有一定的特殊性。一方面,社区工作者的人事考核、工作职责等全面依附于社区居民委员会,必须对上级的指令无条件地服从。另一方面,社区工作者又不得不面对社区的普通居民。不同于政府压力机制内部,行政命令在居民眼里并不具有那么强的效力。就像佟书记所说,你管不了居民的"帽子",你也管不了居民的"票子"。这让处在"夹缝"中的佟书记无所适从。

---

① 郭圣莉.城市社会重构与新生国家政权建设——建国初期上海国家政权建设分析[D].上海:复旦大学,2005.

② 陈伟东,张文静.合约理论视角下居委会的制度安排与实践逻辑[J].社会主义研究,2011(2):90-94.

(二)"夹"在不同利益群体之间的佟书记

马克·格兰诺维特认为,人不会脱离社会进行原子式的决策与行动,而是处于一定的利益网络之中,被一定的利益驱使。① 社区内部存在各式各样的利益群体,因为划分标准不同,利益群体也存在不同的形态。在 ZL 社区的美食街治理中,较显著的两个利益群体就是社区商户群体与美食街污染所影响到的社区住户群体。在这两类群体的利益冲突之间,社区公共场域成为矛盾的集中地,而社区居民委员会成员成为头号责任人。

商业街居民有事情了就来找你,每次社区商户和住户闹矛盾,就找到我这里来了。他们每次一到我们这就吵成一锅粥,我得给他们拉开。前几次还好,后来矛盾闹多了,他们就把矛头指向我们这里来了。住户说"你们是居委会成员,怎么连我们的权益都保障不了,要你们有什么用?"他们跟我们这么讲,我们很尴尬,但是我们也没有什么办法,我们也不能向着谁,都是社区里面的,低头不见抬头见的。我们只能当时把他们劝回去,让他们各让一步。我们也没什么好的办法,劝回去是有点治标不治本,保不齐过几天又来了,但总算是把这一关渡过去了。都是熟人嘛,当时那个劲头过去了还是会好一点。

(资料来源:ZL 社区居民委员会佟书记访谈,20190715WLB)

佟书记不得不周旋于各个利益群体之间。以美食街问题为例,她处于美食街商户和住户矛盾之中。由于属地关系,社区居民委员会慢慢成了商户和住户矛盾的迸发口。在面对不同群体的利益矛盾时,社区居民委员会的社区工作者往往采用民间的纠纷处理方式,或是大家各让一步,或是社区居民委员会统筹连接资源"家长式"包办解决。然而,无论其中哪一种方式,都无法彻底解决 ZL 社区的美食街问题,美食街问题就像一个定时炸弹,随时都有"爆炸"的可能。

(三)"夹"在自身角色盲区之中的佟书记

除了外部的行政压力和难以调和的社区利益群体外,佟书记时常陷入对自我行为的检视之中,为什么总是无法解决美食街问题?佟书记向笔者描述了她接受美食街整治任务之后所进行的三次整治行动,从行动中我们可以看出部分端倪。

1. 第一次行动:社区居民委员会购买专业清理公司服务

上级跟我谈话之后,我就想还是要行动,这没办法,正好下个月有个检查,

---

① 马克·格兰诺维特.镶嵌:社会网与经济行动[M].罗家德,译.北京:社会科学文献出版社,2007.

这个事我还得赶紧抓。于是我就联合我的一个网格员,我们两个一起,去琢磨这个事。我们围着美食街转了一圈,我觉得这条街归根结底还是出在卫生整治问题上,这个是重头。我们如果把这个问题解决好了,后面的消防问题、商住矛盾等都比较好解决。接下来,我们社区出钱,请了专业的清理人员。社区请的清理人员把整条美食街里里外外打扫了一遍,商户和住户都很高兴,还给我们送了锦旗,说我们是做实事的人,肯下功夫帮他们解决问题。可是等行动结束,还没到一个月,他们又吵到我们这里来了,美食街的"乱"才解决不到一个月,就又回到从前。

(资料来源:ZL 社区居民委员会佟书记访谈,20190715WLB)

从上述材料可知,面对社区居民的投诉反映和即将到来的上级检查,佟书记找到了专业的清理团队,带领着这支专业的清理团队,对美食街进行了大规模的清理和整治,短暂改善了美食街的环境。但是不到一个月,美食街又回到了以前的脏乱差状态。

逻辑惯例下的社区中,政府与社区居民委员会是命令与服从的关系,而社区居民委员会与社区居民之间是管理与被管理和服务与被服务的关系。[①] 在这样的关系模式下,以佟书记为首的社区居民委员会,在整个治理过程中扮演了"专断者"的角色。在逻辑上他们"替民做主",从未征求社区居民的意见和看法,以社区干部的拳拳之心,"出钱又出力"地为社区居民开展了一场治理行动。在商户和住户的眼里,这是社区居民委员会应尽的义务。当治理产生效果时,大家相安无事。但是一旦出现问题,商户和住户又会来找社区居民委员会。

他们给我们拿的主意啊,当然还是找他啊,不找他们我们找谁啊,再说了社区居民委员会不就是为居民服务的吗?

(资料来源:黄冈路美食街商户访谈,20190712WLB)

针对这个事情,我们挨家挨户跟他们谈了想法,他们还是要我们想个办法出来。

(资料来源:ZL 社区居民委员会佟书记访谈,20190715WLB)

在社区居民委员会的行动所带来的"替民做主"的逻辑框架下,社区居民委员会的社区工作者扮演着"专业者"的角色。在社区居民委员会的主持下,社区居民或多或少能获得某种福利或者服务,"反正也是居委会拿主意,自己又何必去整"成为一种共识。社区居民坐享其成而不愿展开自我行动,成为服务的接受者,依赖感膨胀,出现了"服务越多,居民自治能力越弱"的内卷化景象。[②]

---

① 陈伟东,陈艾.居民主体性的培育:社区治理的方向与路径[J].社会主义研究,2017(4):88-95.
② 许宝君,陈伟东.居民自治内卷化的根源[J].城市问题,2017(6):83-89.

2. 第二次行动：社区居民委员会联合城管部门、物业等协助处理问题

社区居民委员会的社区工作者向城管了解相关的法规政策，了解到商业街处于物业的管辖范围内，城管执法范围只能集中于外面的街道区域，必须联合多方才能解决这个问题，强行执法只会引起多方冲突。社区居民委员会与社区的物业进行了沟通，物业则表示，他们具有管理的权力，但是并没有行政处罚的执法权，对商户的管理覆盖也有盲区。虽然他们也找商户谈了很多次，但是并没有产生什么效果。得知这个情况，社区居民委员会意识到，必须联合三方进行讨论，以解决问题。

在会议当天，社区居民委员会聚集了城管部门负责人、物业负责人，在社区居民委员会的活动室内召开会议，并邀请商户和住户代表出席。由社区居民委员会与城管、物业负责人员共同商讨，并对居民代表讲解，自上而下地制订了整改计划。第一步，对店面门口堆积的杂物进行处理，把街道先整宽敞，同时由社区划线，商户只能在划线范围内经营；第二步，对各个商户门口的下水管网进行改造，并为每家商户配备专业的泔水桶；第三步，制定商户和住户公约，以保证环境的持续整洁。

（资料来源：ZL社区居民委员会佟书记访谈，20190715WLB）

我真是操碎了心，其实城管都不想来，还用了我私人的面子，才搞定这个事情。当时三方会议开展的时候大家其实谈得还可以，也制订了比较详细的整改计划，但是最后执行的时候出现了很多问题。比如在清理的时候，有些商户说"我门口的东西都还是值钱的！你们清理可以，你们要给我补偿损失费用。"然后就漫天要价，这不是讹我们吗？再说了，我们的办公经费也不可能用于支持这个方面，所以整改最后就不了了之。

（资料来源：ZL社区居民委员会佟书记访谈，20190715WLB）

分析材料可知，社区居民委员会联合三方想对商业街进行整治，不但从管辖权的角度进行了考虑，邀请了具有管辖权的城管部门和物业公司，更是邀请商户代表和住户代表进行了商讨，也讨论出了较为详尽的执行计划，却因为执行过程中与商户的冲突而不了了之。坦率而言，会议制订出的执行计划符合商业街的整治规律，先把自身门前的垃圾清理干净，然后进行公共空间的整治，最后通过制定公约来保证治理结果，整个流程突出了过程化治理。但是整治计划在执行时无法实施，最终不了了之。

整治计划看似科学，但是社区居民委员会仍处在社区行政逻辑里[①]，社区居

---

① 陈伟东.社区行动者逻辑：破解社区治理难题[J].政治学研究,2018(1):103-106.

民委员会的社区工作者在"替民做主"之后紧接着"替民行动",在继"专断者"之后扮演着"包办者"角色。他们自上而下地制订计划,自我制订计划后自我行动,自我行动中自我"感动"。这样具有对上负责性质的、指令性的逻辑思维在面对"体制外的人"的时候也面临失灵的危机,导致行政有效而治理无效的后果。为什么社区工作者"这么苦""这么累"?是因为社区工作者往往只把社区居民当成服务对象,而没有把他们当成具有自主性与能动性的活生生的人,他们未充分考虑社区居民的主观意愿,自上而下形成了"行政部门配合—社区居民委员会苦干—社区居民观看"的关系体,久而久之,社区居民行动能力退化,治理行动无法开展。

3. 第三次行动:社区居民委员会动员社区志愿者进行定期打扫

在购买清理服务和联合整治行动失败之后,美食街商户和住户之间的矛盾也更加激烈,大家都要社区居民委员会给个"说法",经常在居委会大厅里吵得不可开交。佟书记不得不另想办法。

我也不知道该怎么办,我也没办法啊,他们(商户和住户)总是来闹也影响我们办公,我们这个社区也是区里的一块牌面,还是要赶紧息事宁人。其实他们不就是想把卫生问题解决吗?他们要解决卫生问题,那我就找一批人给他们解决卫生问题。

(资料来源:ZL社区居民委员会佟书记访谈,20190715WLB)

说干就干,佟书记召集了社区里面的几位资深志愿者。在开会当天,佟书记首先感谢了几位资深志愿者一直以来对社区做出的贡献,并通过引导式提问,将大家的注意力集中到社区美食街整治上。见时机到了,佟书记就表明了自己的想法:"大家都是社区里面有爱心的优秀志愿者,希望大家能为美食街整治出一份力,对美食街进行定期志愿清扫。"佟书记的话音刚落,社区资深志愿者中的骨干皮大爷就表示,一定会响应社区的号召。大家也在这种热烈的气氛中被感染,纷纷同意加入队伍。最终,会议决定,每周六中午两点至四点由社区志愿者队伍对美食街进行清扫。在会后,佟书记还找了社区内的低保户们,和他们谈了社区内的情况。

我就对他们说,社区帮助过你,现在社区有困难了,你也要帮助社区。对于社区公共环境,我们每个人都有责任。我们一起把社区搞好了,社区繁荣了,也可以给你们更多的支持。

(资料来源:ZL社区居民委员会佟书记访谈,20190715WLB)

社区居民委员会组织志愿者和低保户一起组成公共空间整治队伍,美食街的商户和住户却理性地选择充当享受者。社区居民委员会的行动,一定程度上缓和了社区的商户和住户冲突,客观上也满足了商户和部分住户的利益,短暂改善了街道环境。

我们志愿者七八个人,加上五个低保户,为他们劳动了一下午。有些商户给我们竖起大拇指,说我们为社区办好事,是"活雷锋",我们也很高兴。一开始,我还琢磨,这个事可以一直干下去,为社区多好啊,社区环境和我们都相关嘛! 但是后来一件事打消了我的念头。有一次,我们清扫的时候,有一个商户就一直对我们指指点点,他说,你们整东西整干净一点,这压根就没搞好嘛,说要我晚上再来加班搞。再一次,我在路上碰到一个商户,他说下次应该把他店里也扫一下,把里面的垃圾也带走。我当时心里就不是滋味,我是志愿来为你服务,你凭什么就居高临下对我呢? 我就不乐意了。

(资料来源:ZL社区美食街志愿整治队员刘大爷访谈,20190716WLB)

从上述材料可知,这场社区志愿活动的性质已经悄然发生了变化。马克思说:人类参加任何活动,都渴望着获得点什么。"获得感"是人们行动的动力,在美食街治理中,社区志愿者的获得感在于从事志愿服务所受到的褒奖和赞美,但是有的商户居高临下地把社区志愿者当成应当给自己提供免费服务的人,志愿者未得到应有的尊重。在这种情况下,社区志愿服务难以为继。

长久以来,社区居民委员会的社区工作者惯于包办社区的事务,想尽一切办法满足居民的需求,甚至发动社区内的志愿者和低保户提供服务。这不但加大了社区居民委员会的工作量,也会影响居民的公益精神。这样的关系固化之后,社区美食街陷入了"美食街随便扔—社区居民委员会与志愿者和低保户来兜底"的怪圈。

无论是社区居民委员会充当的"包办者"、"专断者"或"发动者"角色,其本质上都是社区工作者惯于把居民当成被管理与服务的对象,下意识地把部分居民当成了"失能者"而造成其处于角色盲区。在这种能够坐享其成的环境中,居民依赖感膨胀,自治意愿被消解[1],社区居民委员会的社区工作者做得越多,居民自治能力越弱,整个治理过程呈现内卷化困境。

三、出路:引入社会组织或社区工作者专业化建设

随着美食街问题的持续发酵,原本轰轰烈烈的志愿者清扫行动也偃旗息

---

[1] 许宝君,陈伟东.居民自治内卷化的根源[J].城市问题,2017(6):83-89.

鼓。作为理性行动者的社区居民仍然惯于寻求政府的庇护,把解决问题的希望寄托于政府的全权包办。① 社区居民委员会作为政府的末梢机构,成为政府任务的实际执行者,却陷入自身的能力困境,开始引入第三方机构进行嵌入式治理。最终,以佟书记为首的社区居民委员会的社区工作者走上了自我赋权、增能居民的道路,决定以共同行动的方式破解美食街治理难题。

(一) 嵌入式行动:CX 社工机构的介入

佟书记的年终考核距到期还有 6 个月,她必须立即行动起来。在一次街道统筹的碰头会中,佟书记偶然得知 H 市的 CX 社工机构很擅长处理社区环境整治问题。这个消息无疑给佟书记带来了一道曙光,她立即联系了 CX 社工机构的负责人 S 主任,并咨询了自己社区的环境整治问题,两人相谈甚欢,一拍即合。在给陈主任做了汇报后,佟书记决定购买 CX 社工机构的服务来解决美食街问题。

嵌入概念来自经济学家波兰尼,波兰尼使用嵌入理论来解读市场经济与自由主义之间的关系,认为社会关系被嵌入市场经济体制与市场社会之中,呼吁关注与经济密不可分的社会状态。而在社会工作之中,社工机构的嵌入指的是社工机构向行政社会工作的嵌入,进入社区提供专业化的社会服务。② CX 社工机构嵌入社区开展活动,实质上就是 CX 社工机构代替社区居民委员的社区工作者入驻社区,以其专业的社会工作方法开展整治活动。

1. 介入过程

在接受了 ZL 社区的购买服务以后,CX 社工机构组织了由 4 名社工、1 位主任和 1 个项目督导(督导 D)构成的团队进入社区,通过街道办和居委会的协调开展社区调研和治理服务。

我们首先对社区美食街进行了走访调查,了解了社区美食街的运行情况,包括商户基本情况、住户基本诉求,我们同步要求我们的社工进行了记录。我们针对矛盾比较大的几栋楼的商户和住户进行了深入了解,为我们接下来进一步实施个案调解做准备。

(资料来源:CX 社工机构团队负责人督导 D 访谈,20190722WLB)

社工机构来社区的时候,我们向他们提了三个要求,一是要看到整治效果,

---

① 陈伟东,吴岚波.论社区公共资源治理中居民主体性的生成——基于湖北 D 社区的案例分析[J].四川师范大学学报(社会科学版),2018,45(2):27-33.
② 王思斌.中国社会工作的嵌入性发展[J].社会科学战线,2011(2):206-222.

整个街道要打扫干净,要有持续性;二是要让居民把防火设备装了;三是要让居民不再闹矛盾,能够和睦相处。

(资料来源:ZL社区居民委员会佟书记访谈,20190726WLB)

刚来的时候是很专业的,我们感受得到,我陪他们充分了解了各个居民的诉求,尤其是几对闹得很厉害的商户和住户。他们具备我们不具有的个案操作能力,沟通能力也很不错,而且搞了很多次活动,居民反映很好。我们一开始对他们抱有很大希望,事实也是如此。可是问题就出在,到了第二年,他们结束项目周期走了之后,商户和住户又"回到从前"了!还有居民跟我说,以前那个机构的活动蛮好,叫我们居委会把他们叫来继续要他们负责。

(资料来源:ZL社区居民委员会佟书记访谈,20190726WLB)

以前那个社工机构的活动开展得很好,他们很专业,我们参与这些活动也很开心,居委会就应该跟他们一样,需要多学一点本领嘛!他们跟人家专业机构比真是差远了。

(资料来源:黄冈路美食街住户访谈,20190712WLB)

CX社工机构的介入给美食街整治带来了一股新的力量。CX社工机构是同行中的佼佼者,具有专业的社会工作技术和丰富的个案运作经验,在进入社区之后,运用专业的社工游戏,进行了关系"破冰",迅速与社区美食街的商户和住户打成一片,建立了良好的沟通基础。通过一场又一场别开生面的活动服务居民,让社区商户和住户之间的关系持续升温,最终订立了长效化的《黄冈路美食街公约》来保证治理成果,也顺利帮助佟书记通过了当年的考核。坦率而言,ZX社工机构的"三步走"战略符合治理规律,体现了循序渐进的工作原则。但是整个美食街的治理成果是建立在社工机构提供服务的基础之上。一旦社工机构撤出社区,美食街居民无法享受原有的服务,被策划出来的公约就如同一纸空文,治理的果实迅速腐坏。

2. 关系模式

政府购买社工机构服务属于政府购买服务的一种。政府购买服务起源于西方,是政府为了解决福利国家所面临的经济与社会危机而创建的一套新机制。① 其内核是通过引入政府主体外的社会力量来弥补地方公共服务的缝隙。社工机构等社会组织所提供的服务项目有以下三个特征。一是周期性。社工机构在通过政府购买服务的招投标流程之后,在规定的时间内进入社区,在项

---

① 肖小霞,张兴杰.社工机构的生成路径与运作困境分析[J].江海学刊,2012(5):117-123.

目完成之后离开社区,提供的是一种周期性的服务。二是专业性。社会组织人员具备专业化的知识与技巧,在开展项目时,会通过自身长期以来的专业化知识体系分析面临的问题并寻找解决方法。三是服务性。社工机构通过政府的招投标项目嵌入社区,给社区提供其业务范围内的专业化服务。对于社工机构来讲,其专业性体现为其应在服务周期中提供专业化服务,并在给予居民服务的同时不断唤醒其自身的主体性。本案例中的 CX 社工机构在提供服务期间陷入了社区慈善逻辑[①]的怪圈。社区慈善逻辑的特点为"你的需求是什么,我就给予你什么"。有的社工机构甚至为了自身的职业满足感,强调自身的专业权威,不断创造新奇的活动"讨好"居民。久而久之,形成了"政府部门购买—社会服务机构给予—社区居民享受"的关系模式。随着活动的进行,居民的口味越来越"刁钻",甚至会形成"今天想吃猪肉,明天想吃牛肉,后天想吃天鹅肉"的心态。在这样的心态下,社区居民的需求越来越难以满足,社区居民的主体性在活动中被消解。社工机构服务期满退出社区后,社区面临的不但是迅速消失的治理成果,还有越来越难以满足的居民。社会工作的专业性本应体现在"授人以渔",但是社工机构空有专业的技巧而没有专业的精神。专业化的社会工作者应在充当陪伴者与协同者的角色的同时在行动中与居民共同成长,在增能自身的同时增能居民。在活动中应秉持以唤醒社区居民的主体性为首要目的,摒除"以项目为中心"的心态,聚焦于人的改变。

(二)内生式行动:公益创投的"增能"之路

佟书记在经历多次失败之后已然心灰意冷,她感觉美食街问题就像一片"狗皮膏药",甚至和陈主任提出要换个任务,陈主任也很爽快地答应了她。

转眼开年了,今年该我去做的工作还是要继续做完,陈主任说等我做完这个年度就算了,他再来想办法协调。刚好湖北省开展社区公益创投大赛培训,他说这对我是一个好机会,让我去碰碰运气"充充电",我就当一次任务去了,没想到这次培训改变了我。

(资料来源:ZL 社区居民委员会佟书记访谈,20190726WLB)

佟书记抱着"死马当成活马医"的心态参加了湖北省民政厅举办的社区公益创投实务能力培训班,没想到这次培训让她产生了较大的改变。

2013 年发布的《国务院办公厅关于政府向社会力量购买服务的指导意见》,

[①] 陈伟东.社区行动者逻辑:破解社区治理难题[J].政治学研究,2018(1):103-106.

对政府进一步转变职能与改善公共服务提出了新的要求,公益创投作为政府购买服务的新形式也应运而生。湖北省的公益创投模式是典型的政府单方运行模式①,其特点为"四个一",即"一个社区申报""培育一个社区社会组织""创意一个公益项目""建立一种社团自治机制"。其特征是项目征集由政府发起,投入一定运营资金,并由湖北省民政厅聘请专家对各市级民政部门推介的社区居民委员会的社区工作者进行封闭式实务能力训练,培训完成后学员回到社区进行项目孵化,最后由政府部门举行大赛对项目进行验收与资助。湖北省公益创投流程如图2-1所示。

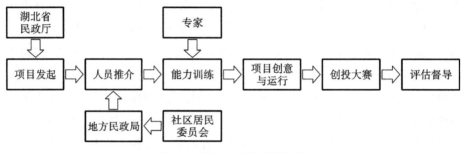

图2-1　湖北省公益创投流程

社区公益创投大赛是针对社区居民委员会的社区工作者举办的比赛。社区公益创投大赛号召各个社区居民委员会的社区工作者坚持以问题导向、资源导向、公益导向来寻找项目切入点,通过充分利用在地性资源优势,解决实际社区问题,服务社区居民。湖北省社区公益创投大赛模式与普通的政府购买社工服务有以下三点不同。一是申报机构不同。湖北省社区公益创投大赛模式只允许各个地市州社区居民委员会进行项目申报,是一种典型的内生型模式。其试图引导社区居民委员会的社区工作者培育本土的社区社会组织,推动社区居民参与,增强社区活力,建立社区本土支持网络。而政府购买服务是一种外生型的路子,其申报机构大多为社工机构,试图通过政府强大的资源与资金的注入将服务转包给社工机构。二是项目重点不同。社工机构项目重点在于解决针对性的社区问题,其项目目标具有单一性的特征。社区居民委员会所申报项目的目标不仅仅是解决社区实际问题,其除了在项目运行期间改变社区的人和物之外,同时聚焦于社区所发生的变化。其隐藏的潜在目标是推进社区共同体

---

① 崔光胜,耿静.公益创投:政府购买社会服务的新载体——以湖北省公益创投实践为例[J].湖北社会科学,2015(1):57-62.

的生成,这样的目标也是由社区工作者与机构社工的区别造成的。机构社工在完成项目后离开社区,社区居民委员会的社区工作者却是其中的"铆钉"。三是项目运作形式不同。社工机构进行项目运作,由社工机构本身派出一支队伍入驻社区,由社工机构的队伍对目标群体进行治理,治理行动由机构社工实施,社区居民在项目运行中所扮演的角色较为单一,一般作为治理对象而存在。湖北省社区公益创投大赛模式下的项目由社区居民委员会进行实操,其要义是社区居民委员会的社区工作者在经过培训之后,在实际操作项目时运用自身的专业技术对社区居民进行赋权增能,通过孵化各类社区自组织来解决自己在社区内遇到的问题。在治理过程中,其侧重于激发社区居民的主体性,建立社区草根组织(又称"草根社团")进而实现社区居民的自我治理。社区居民在此时不仅是作为治理对象而存在,其同样充当治理的主体,具有双重身份。

1. 增能过程

声音需要通过物质进行传播,物理学中把这种物质叫作介质。我们在这里将物理学的概念引入社区治理研究中。社区治理应当聚焦于社区居民的改变,而在现有条件下,政府若想找到一个介质推进社区居民的改变,社区居民委员会是最好的选择。社区居民委员会的社区工作者常驻社区,深入社区居民生活,具有先天优势。在传统社工机构项目模式中,社区居民或者只是参与项目的运行,或者只是参与需求的表达、效果的评价和资源的开发。在社区居民委员会所运行的项目模式里,社区居民委员会将社区居民带入项目运行的全过程,社区工作者在其中只充当引导者和陪伴者的角色,其用意是在项目运行过程中不断提升社区居民的主体性。在这样的模式中,社区居民不再是被动的观看者,而是事务的执行者和决定者。

2. 关系模式

湖北省社区公益创投大赛模式下,政府—社区居民委员会—社区居民处于"传导式"增能中。社区工作者的增能过程如图2-2所示。传导式增能的本意是由湖北省民政厅组织专家对选拔上来的社区工作者进行实务能力培训。首先,对社区居民委员会进行赋权传导,通过一套参与式治理技术的传授,让其本身变得专业化,懂得如何动员社区居民全程参与到项目运行中来。其次,以项目实操的方式让社区工作者回到社区后根据自身社区的实际情况运行项目,并通过项目的运行,将治理技术运用到社区居民身上,不断引导社区居民发生转变。赋权居民流程如表2-1所示。

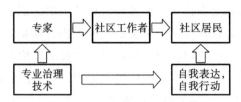

图 2-2 社区工作者的增能过程

表 2-1 赋权居民流程

项目模式	项目主体	需求表达	问题讨论	事务行动	活动策划	效果评价	资源开发
项目模式一	社工机构	＋	＋	＋	＋	＋	＋
	社区居民	＋/－	－	－	－	＋/－	－
项目模式二	社区居民委员会	＋	＋	＋	＋	＋	＋
	社区居民	＋	＋	＋	＋	＋	＋

四、参与式治理体系及其内涵

任何一种角色的形成都离不开其环境背景。在社区场域,社区工作者与社区居民的角色定位受到其本身定位的影响,社区居民委员会作为政府代言人和群众性自治组织,在两个身份中徘徊,其行为方式与其身份产生冲突,导致其在社区的治理行动往往处于困境。不同的身份会影响其行动逻辑与工作方式。破解社区治理难题,首先要改变原有的治理逻辑和工作方式,转变社区工作者与社区居民的互动关系。社区工作者应该从包办者变为赋权者,继而引导社区居民从享受者向行动者过渡。

湖北省民政厅组织的社区公益创投大赛培训由各个地市州选派当地社区中年轻且有活力的社区工作者参与,学员的接受能力较强。该培训与常规的培训不同,该培训为社区工作者实务能力训培而非理论能力培训。该培训针对的是社区工作者操作能力的训练,其培训结构为"讲解—实操"式,在湖北省民政厅聘请的培训师进行讲解后,由每组学员进行角色扮演和场景再现,以复盘学到的实操技术,增强实操成功的可能性。

湖北省民政厅组织的社区公益创投大赛培训的内容包括"两个机制,一套技术"。接下来笔者从社区工作者所学习的"两个机制,一套技术"为中心展开,分三个部分论述参与式治理体系的专业化治理方法。社区公益创投大赛培训的流程贯穿着赋权式思维,试图在互动式教学的过程中增强培训对象的能力。在政治学领域,赋权被定义为在权力获取和权力分享下增强个体或者群体控制、支配生活的信心和能力。① 社会学领域的学者主要将赋权看作一种过程,促使个人能够意识到通过自身参与解决问题的过程。而在社区治理领域,赋权主要被看成一种激发居民参与社区公共事务、增强社区居民参与能力的治理工具。② 赋权旨在通过提升受助者的参与能力和参与技能,让他们感受自身能够影响某些与其利益相关的事件的发生和发展,感受自我掌控所带来的效能,从而帮助他们重新评估问题所在,增强改善当下环境的信心和能力。③ 其核心要义是激发社区居民自身的能动性,让居民自我行动起来解决自身社区的实际问题。在这种培训场域,赋权意味着在实操的过程中让社区工作者实现增能,并学会如何转变自身角色,在回到社区后,通过自身角色的转变带动社区居民角色的转变。

一、活力注入:社会工作机制

认识自身是破解自身难题的基础,培训专家首先引导社区居民委员会反思自身的工作思路,重新认识自身角色。社区工作者在引导下展开了激烈的讨论。

在讨论我们自己的角色时,我们(参加培训的社区工作者)在很多问题上争论不休,有的觉得他自己是基层干部,是政府工作人员的一种;有的则认为自己是提供服务、传达民意的人。我觉得两者都有。

(资料来源:ZL 社区居民委员会佟书记访谈,20190715WLB)

角色是一种社会关系,而社会关系形成于互动过程之中,这意味着角色是在不同的情境中互动形成的。在社区场域里,社区工作者更多地扮演着政府代言人的角色,和居民组成了不同模式的互动关系。社区居民委员会作为政府代言人时,其成为政府在社区场域的"手",基层政府的各项任务和措施都需要社区居民委员会进行协调配合,对于社区居民的各项服务政策也要通过社区居民委员会落实到社区居民身上。而作为服务对象,社区居民享受着作为政府的"延伸"的社区居民委员会提供的在社区公共事务治理中的各种服务。当这种服务使社区居民所获得的收益大于其所受到的损失时,社区居民扮演着"搭便车"的角色,成为社区服务的依赖者与享受者。在享受的过程中,社区居民可能慢慢失去了行动的意识和行动的能力,并且不断提高活动的"验收"标准,"口

---

① 孙柏瑛.当代地方治理——面向 21 世纪的挑战[M].北京:中国人民大学出版社,2004.
② 陈伟东.赋权社区:居民自治的一种可行性路径——以湖北省公益创投大赛为个案[J].社会科学家,2015(6):8-14.
③ 尹浩."无权"到"赋权":城市基层社会治理的新机制——以 H 省城市社区公益创投活动为分析对象[J].南京大学学报(人文社会科学版),2016,47(5):22-28.

味"越来越"刁钻"。然而，当社区居民感觉损失大于收益时，社区工作者与社区居民之间的关系瞬间转变为"讨好—排斥"关系。政府代言人与居民自治状态对比如表 2-2 所示。

表 2-2　政府代言人与居民自治状态对比

主体	关系模式一	关系模式二
社区工作者	包办	讨好
社区居民	享受	排斥

在我们联合物业和城管进行的清理行动中，有一位阿姨，她开一个烧饼店。当天上午她去她孙子的学校参加一个活动，清理的时候我们也尝试跟她联系，她没接我们的电话，我们就把她堆在门口的几捆柴火给收走了。结果等到下午的时候，她就来到我们居委会，一进门就破口大骂，说我们把她家传的宝贝给收走了。说是她家传的宝贝就放在柴火中，现在也不知道被清到哪里去了。你说谁会把宝贝放在家门口的柴火里对不对？但老人就说是的，说她放了，然后老人揪着我们主任的领子要他给说法。直到后来把她儿子请来，这个事才算了，最后阿姨还拨打了市长热线，说我们乱作为，侵吞私人财产。街道里负责纪检的同志还来找了我们，真的是惹不起。后来我们还上门做了好几次工作，这个事才算过去。

(资料来源：ZL 社区居民委员会佟书记访谈，20190715WLB)

从上述佟书记的自身经历可以看出，当一些社区居民认为自身利益受到损害时，其与社区工作者之间的关系瞬间破裂，会非常迅速地采取维权措施，公然对抗社区居民委员会。而作为基层兜底者的社区居民委员会则通常会遵循"大事化小，小事化了"的原则，社区工作者与社区居民之间处于"讨好—排斥"的关系模式里。

无论是讨好式关系还是包办式关系，处于这种角色中的社区工作者实质上都是处于政府代言人的角色模型中。半官方的身份是时代的要求，也对应着其应当承担的责任，但是根本问题出在其治理的方式上。其在行动之初试图采用行政式的处理方法，这是由其身处行政体制末端，受到路径依赖的影响所致。而在行政手段对下失灵时，社区工作者会处于一种迷茫中，加上"稳定压倒一切"等呼声的影响，社区居民委员会的社区工作者无奈地选择采用包办的解决方式。

要想激发社区活力，必然需要更加具有针对性的工作方法作为补充，来顺应社区治理的需要。究其根本，社区工作者采取的包办式行动，其表面上是一种对下负责式的逻辑，实质上则是一种对上负责式的思维。其不在乎居民本身的组织化,不聚焦于社区的改变,其内核自始至终都在于如何完成"上级所交代的任务",这样的逻辑在对佟书记的采访里可见一斑。破除社区治理难题,首先应在工作中破除原有的纵向层级制思维。具体而言,社区工作者所面临的治理对象是社区居民而不是上级政府。要想治理好社区,应该树立起"对下负责"的思维模式,在充分尊重居民的意愿的基础之上,以需求引领居民,引入专业化的社会工作机制,释放社区居民活力而非一味地维持社区稳定。

行政工作机制与社会工作机制对比如表 2-3 所示。

表 2-3 行政工作机制与社会工作机制对比

项目	行政工作机制	社会工作机制
作用对象	组织化的体制人	原子化的社区居民
工作逻辑	对上负责	对下负责
工作方式	任务追责制	需求引导制
工作结构	纵向层级制	横向协作制
工作基础	行政命令	居民意愿
工作目标	维持社区稳定	激发社区活力

社会工作机制的首要特点是把工作的对象锁定在原子化的居民身上,这符合社区居民委员会本身的组织属性和功能。《中华人民共和国城市居民委员会组织法》规定了社区居民委员会共有六项任务。一是宣传宪法、法律、法规和国家的政策,维护居民的合法权益,教育居民履行依法应尽的义务,爱护公共财产,开展多种形式的社会主义精神文明建设活动。二是办理本居住地区居民的公共事务和公益事业。三是调解民间纠纷。四是协助维护社会治安。五是协助人民政府或者它的派出机关做好与居民利益有关的公共卫生、计划生育、优抚救济、青少年教育等项工作。六是向人民政府或者它的派出机关反映居民的意见、要求和提出建议。由上可见,社区居民委员会承担的职能基本作用于居民身上,而社区居民委员会由于基层政府掌握着对于自身的考核权而形成对上负责的逻辑与行为模式。在此模式下,要避免淡化其本身的群众属性。社会工作机制把重点重新放在社区内部的居民身上,旨在使用对共同需求的引导打破居民的原子化状态,并充分引导居民意愿,使居民行动起来,在行动中挖掘自身潜力,释放自身活力,共同建设美好家园。

社会工作机制区别于行政工作机制的一个重要特点是更加注重横向协作,其试图用协作式的方法来影响没有刚性权力保证的社区居民委员会与社区居民的关系,其话语假设基于社会化条件下的社区。社区居民委员会与社区居民之间不具有以往的强影响的关系,继而转变成一种社会化的弱影响的关系。

那个时候我们居委会是有一定权力的,这个街以前一个街办棉花厂是我们(居委会)管辖的,我们解决了很多人的就业问题,闲散的人就在我们这里吃口饭。但是后来社会发生了较大变化,社区人员开始变得复杂,我们说话也不比以前管用了。以前有些居民找我办事,都是老远地叫我陈哥,小跑过来跟我谈,现在居民找我办事就变成了"老陈,你站住!我有个事跟你说。"

(资料来源:ZL 社区居民委员会陈主任访谈,20190717WLB)

市场经济条件下,由于政府对民生就业的关注和时代经济属性的彰显,劳动力要素的流动性显著增强,社区居民委员会对社区居民施加的强影响的关系开始弱化。随着商品房小区的兴起和物业公司等市场力量的介入,社区居民委员会的功能空间进一步萎缩,影响力不再,我们从社区居民和社区居民委员会打交道的对话中可见一斑。而在这样的弱联系的背景下,社区居民委员会必须学会整合社区内各种社会力量才能通过自身的影响力实现自己的治理目标。这里的社会力量指的是社区内的各类主体,可以简单细分为单位主体与居民主体。单位主体是指辖区内的企事业单位,居民主体主要是指社区居民中的"能人",这些都应该成为社区居民委员会整合的对象。

行政工作机制与社会工作机制并不是两种对立机制,它们之间是互补的关系。对社区行政事务应采用行政工作机制,对社区自治事务及相关的服务性事务则应采用社会工作机制。

二、姿态转变:平等对话机制

平等对话机制贯穿社会工作机制的始终,是社会工作机制得以在社区生根的重要推手。其要义是社区社会工作者必须改变"高高在上"的态度,通过平等对话来完成社区居民主体性的构建,实现真正的平等互助关系,这也是社区工作者从命令者走向赋权者与行动者的过程。[①]

这套机制的实现方式是"提问式教学"。在整场培训中,专家充分把话语权交给社区工作者,让社区工作者反思自身情境,不断引导社区工作者反思"我的困惑是什么""我想获得什么东西""我能做什么事情来改变这个处境",引导社区工作者通过自身寻找解决方法。

培训师让我写出我对来接受培训所要回答的三个问题的理解。第一个问题是我来学什么,第二个问题是我想学到什么知识,第三个问题是我自己能做

---

① 陈伟东,马涛.过程化要素:居民主体性生成的新视野[J].江汉论坛,2017(11):133-138.

什么。培训师将我们的回答整理归类,他们根据我们自身提出的意见进行整合,并将我们对自身能做什么的建议整理成我们社工在培训期间所需要遵守的培训守则,这对我启发很大。

(资料来源:ZL 社区居民委员会佟书记访谈,20190716WLB)

从上述材料可以看出,当把要解决的问题放入目标群体自身的角色生活中,代入其所关心的问题里,趋利避害的本能会让目标群体参与进来,共同参与问题讨论,共同形成行动方案。

之所以平等对话机制如此重要,是因为其是进入社区居民生活的重要方式。平等对话机制的内容主要包括三点。一是问题平等。引导社区居民关注共同关心的社区问题,从共同的社区问题入手,更加容易地让社区工作者与社区居民在"同一个频道上"运行,这也是吸引居民参与的第一步。二是角色平等。社区工作者在角色代入时不应以一个"输入者"形象出现,而应以社区居民的"助手"的形式出现,与居民保持平等的沟通交流,这样才能保证沟通畅通,实现治理目标。三是实现方式平等。社区工作者应摒弃包办者的角色,不断在过程中强化社区居民主体本身的自我表达,让居民说"我的困惑是什么""我可以做出的行动是什么",而不是代替居民进行需求表达。在行动时应引导居民进行行动步骤规划,让居民参与执行行动。

三、参与式治理技术:目标实现的催化剂

技术是实现治理的方法,本次培训的技术不是一般学者所说的自然科学技术,而是社会治理技术,[①]其重点是增强群体之间的对话能力。自然科学技术更多地关注自然社会的发展,聚焦于生产力领域物的变化。社会治理技术则聚焦于人的变化,强调解决人与人之间的矛盾,推动人类社会问题的解决。

1. 技术框架

本次培训的参与式治理技术是社会治理技术的一种。社会治理技术强调通过技术的方式介入对象的生活实践,为其提供一套解决问题的手段,进而影响社会变化。参与式治理技术是为社区居民委员会开发的一套技术,其以发动社区居民参与为目标,试图让社区工作者顺利进入社区居民的生活实践并引导社区居民在自我治理的同时实现自我增能。这套技术得以成功的前提是社区

[①] 郑永年.技术赋权:中国的互联网、国家与社会[M].北京:东方出版社,2014.

工作者本身的角色转变。参与式治理技术的主干技术脱胎于开放空间技术[①]，后由华中师范大学政治与国际关系学院的实践团队进行本土化改良，在其本身的开放式讨论格局中加入了一套支撑技术和一套助推工具。支撑技术主要包括参与式需求调查技术、行动方案策划技术、参与式绩效评估技术、公益积分兑换技术、资源连接技术、公约协商技术、茶馆会谈技术、社团联盟孵化技术、公益金众筹技术等。其助推工具主要包括暖场游戏、卡片法、小组讨论法、打分法、行动团队签名法、鱼骨图搜索法、蜘蛛图搜索法、心智图搜索法、中位数打分法、谈话棒沟通法等。

整套技术的背后是一套相对应的理念，这套理念围绕着居民而展开。其初衷是把社区从社区居民委员会手里"还给"社区居民，让社区居民自我表达自身需求，自我回应自身需求，自我组织开展行动，自我评估活动效果。每个理念都有对应的技术来推进其实现。参与式治理技术是一套完整的社团孵化技术，根据不同的社团孵化类型，培训师会在其中选取不同的技术形成对应的孵化流程。这样的流程更具有指导性，能够给社区工作者提供程序式的传授。当然，程序式的传授不代表社区工作者回到社区一定要按照流程死搬硬套，社区工作者在充分了解技术内涵的基础之上，可以根据自身实际对流程进行增减以适应社区现实需要。除了这些孵化技术，在居民沟通中还有四个诀窍，这些诀窍是社团孵化过程中的润滑剂，可以使孵化过程更加顺利，赋权更加完整。

1）零压力

心理学对压力有诸多定义，总体来讲，基本从以下三个假设进行阐述。一是强调环境，将压力这种状态与压力源进行重叠陈述，认为压力是一种让人感到紧张的事件。二是强调体验，把压力看成是一种目标对象生理发生变化所衍生出来的心理的状态。三是强调有机体之间或者环境之间的相互影响。[②] 从学术界的表述来看，压力不仅仅是一个现象，更像是一种过程。压力的降低有利于释放主体潜能。[③] 在社区里，居民只参与自身感到快乐的事情，社区参与就是要营造这个过程。具体来讲，社区工作者要在孵化过程中进入社区居民的生活实践。在孵化过程中，社区工作者应该营造零压力的参与氛围以实现与居民对话，而非社区工作者的单方面"灌输"。零压力的参与氛围的营造主要是以语言

---

① 开放空间技术(Open Space Technology, OST)较早由哈里森·欧文发明，是一种富有成效的动态会议模式，能够将一个对于组织/机构很重要的主题仅在很少的规则辅助下通过一个新的空间和时间格式由参会者讨论完毕。
② 郑晓芳.中小学教师职业压力对职业倦怠和工作满意感的影响研究[D].长春：吉林大学，2013.
③ 石林.工作压力的研究现状与方向[J].心理科学，2003(3)：494-497.

方式来实现的。在与居民沟通的过程中,社区工作者要坚持"没有对错,只有不同"的交流原则,不能随意打断和叫停居民的自我表达,要尊重居民表达的观点,要在肯定中进行引导,让居民在过程中体会到尊重和自由。例如,在引导居民表达对自身社区环境问题的建议时,重点在于引导社区居民提出自己内心的想法。即使社区居民所说的跟社区环境问题无关也不要打断,无论其观点深浅都要保持认真倾听,可以加以技术性指导。不要在行为上给居民造成心理落差,让居民真实地表达自己的意愿。

2)欣赏导入法（对比问题式视角）

"欣赏"一词多用于艺术鉴赏领域。有的学者认为欣赏是人们感知、体验和理解某种社会活动的实践过程。[①] 欣赏是一个循序渐进的过程,总体来讲其包括感知、体验和理解三个状态。[②] 欣赏式视角的隐含假设是每个社区居民都是有作用的人。从社区工作者的角度来讲,社区工作者要学会以一种欣赏式的观点去看待社区居民,了解社区居民身上的"闪光点",在活动中充分挖掘居民自身的潜能和盘活其所蕴含的隐性资源。只有"人尽其才""物尽其用",才能真正激发社区居民的主体性,才能给社区参与环境注入活力。从过程上来看,要激活社区居民的参与,首先要进入社区居民本身的现实,感知社区居民所面临的现实和实际状况,进而去体验或理解居民本身的实践活动。

欣赏导入法对社会工作界提出的"问题视角"进行了回应与反思。问题视角是西方社会早期的理论,其基本假设建立于社会的生存没法得到满足的前提下,带有救济与帮助的含义。现阶段的实务界在进行问题视角实操时,将问题视角下的服务对象直接标签化,带有强烈的病理学色彩。[③] 但是在社区场域开展社区治理时,要把每个社区的人都当成能动的人,当成能为社区做贡献的人。就算受助对象本身存在某种缺陷,但是其本身仍然可以为社区做出贡献。"扶人先扶志"。问题视角在某种程度上在忽视案主本身能动性的同时将其当成一个只能"接受"帮助的"无用之人",否认了这样的受助群体依然可以转换自身角色、发挥自身作用。

3)快乐

瓦拉认为快乐是一种善,无论其源自何处,都落脚于心灵和身心的愉悦。人的本性都是追逐快乐的,在社区参与当中,谁也不愿意处于一个不快乐的情

[①] 张前.音乐欣赏、表演与创作心理分析[M].北京:中央音乐学院出版社,2006.
[②] 陈孝余.中小学音乐欣赏有效聆听教学研究[M].福州:福建师范大学,2014.
[③] 陈友华,祝西冰.中国社会工作实践中理论视角的选择——基于问题视角与优势视角的比较分析[J].山东社会科学,2016(11):73-79.

境中。社区工作者在进行项目运行时需要增强参与对象的愉悦感。这里所说的愉悦感是指在组织居民参与的过程中保持愉快的气氛。在议题讨论开始前,注意使用暖场游戏和专业化的导入工具。比如邀请居民来到社区场所进行议事,让居民围在空地上做几个游戏烘托气氛。这样更能让居民进入状态,加深居民之间的熟悉程度,打破尴尬的氛围。在议事的过程中,注意松弛有度,整体的居民参与议事单次时长应控制在一个小时以内,不然居民容易产生倦怠感,影响议事效果。在完成议题讨论和书写的过程中,居民会唠家常是很正常的,社区工作者应该运用计时完成等形式进行提醒,而不应直接打断居民而强行转回话题上来。社区工作者要注意营造快乐宽松的参与环境,不与人的本性追求相斥,参与结果才能达到最大效用。

4)不表态

加涅认为态度是指个体在环境中遇到人、事、物等各种情境时,其所采取的应对行为倾向。而不表态,顾名思义就是个体在遇到这类情境时不表明自己的行为倾向。在组织居民参与社区事务的时候,对居民表达的意见都要进行如实记录,这样可以让居民在参与的过程中感受到被尊重。社工在居民进行意愿表达时不应予以打断,在与每个居民沟通时需表达鼓励,不应表达出其他行为倾向。只有不表达自身态度,尊重在场的每一个人,参与的过程才能得以完整化,居民的观点才能得到充分表达,才能更加贴近居民的实际想法,后期通过居民表达所形成的措施才能得以顺利实施。

2. 技术方法论:评估视角与治理流程

技术方法论是技术框架内的技术运用过程。简而言之,技术方法论将技术框架中单个的技术组成技术群以适用于特定情况下的社团孵化。不同的社团类型会导致社团孵化方式不同,每一个治理流程针对不同的社团类型。社区技术方法论由评估视角和治理流程两个部分组成。评估视角是为了让社区工作者更好地分析社区工作者所在的社区情境进而定位到其需要采用的治理流程,而治理流程本身则是为了实现这样的治理目标而确定的。治理流程简洁高效,能够针对特定的社区情况充分动员居民参与,锁定目标群体并让居民迅速达成共识,让集体行动的可能性达到最大。

1)评估视角

(1)群体锁定视角。群体锁定视角主要是从发现问题的角度出发。群体锁定指的是社区工作者锁定社区内部需要帮助的群体的过程。群体锁定有以下两种方式。一是针对不同的社区人员类型进行划分。比如社区的失能老人和留守儿童,这样的群体具有共同的类型特质,这种特质主要来源于人群所处的环境及在生活中扮演的角色。二是针对人员不同的生命周期进行划分。生命周期指的是人们所处的年龄阶段，人们所处的年龄阶段不同，其自身的需求也会发生变化。比如宜昌市伍家岗社区的"辣妈帮帮团"，其社团内的成员都是孕龄妈妈和新手母亲。社工通过社团孵化，吸引孕龄妈妈和新手母亲加入社团，在社团活动中交流安胎、养胎经验。这就是根据不同年龄特征进行的群体锁定。

（2）问题发现视角。问题发现视角要求社区工作者具有发现社区隐藏问题的眼光，问题发现通常是通过社区感知法来实现的。问题发现视角是社区工作者通过对社区固定现象长时间的观察，进而认识问题和分析现象的过程。一个社区项目的落地，必定是为了解决社区存在的一种实际问题，问题发现视角就是为了锁定这种问题。例如，黄石市铁山区胜利路社区的社工通过问题发现视角锁定了本社区内最大的问题——楼道脏乱，并组建了"我爱我楼"楼道自管委员会进行自我管理，解决了社区难题。问题发现视角所搭配的是社区感知法。笔者认为社区感知法是社区工作者对社区的一种现象长时间进行定点或定时追踪调查的方法。问题发现视角是找到社区问题的"锁"，而社区感知法是找"钥匙"的过程。例如，成都市成华区保和街道和顺社区的社工在面对社区狗患问题时，通过对社区养狗用户的长时间观察，采用社区感知法，详细观察了社区狗主人遛狗的基本路线，建立了社区内部的定点狗粪便回收站，较好地解决了宠物狗乱排粪便的问题。问题发现视角是一种非常实用的视角，它帮助社区工作者认识到社区潜在问题并进行感知和分析，在现象中寻找解决问题的突破口。

（3）资源挖掘视角。社区工作者要学会从资源挖掘视角评估社区，找出社区内部的资源优势，并学会运用社工项目放大这些优势以解决社区治理难题。资源挖掘视角聚焦于社区的两种资源，分别是人力资源和物力资源。对于资源的挖掘有两种不同的思考方式。一是社区资源本身可以给社区治理提供直接支持。例如，黄冈市黄州区汪家墩社区内安置了很多退伍军人，社区工作者通过动员这些军人资源组建了"白天红袖章，晚上手电光"志愿者社团，为社区安全保驾护航。汪家墩社区的社工就是"抓住"了社区内一群具有奉献精神和专业素质的军人，才达到了这样良好的治理效果。二是社区特有的资源本身并不直接解决社区问题，但是可以通过转化助力社区治理。例如，宜昌市伍家岗区大公桥社区的社区工作者通过挖掘辖区内的社区能人资源组建了"绿植银行"，通过社区绿植的认领将社区内各行各业的骨干聚集到一起，为社区献言献策，解决了社区内部困难户子女入学等诸多问题。社区资源挖掘视角既为社区工作者提供了了解社区、分析社区的视角,更为社区工作者解决社区问题提供了逻辑指引。

2) 治理流程

社区治理流程非常重要,可以让社区工作者在实施具体工作步骤的时候有规可循。社区治理流程具有社区治理程序化的内涵。流程的重点在于"安排",在社区治理流程中也是如此。社区治理流程的重点在于治理流程的顺序安置,不同的技术安置适应不同的实际状况。比如在孵化志愿者社团时,由于志愿者本身具有一定的志愿精神,社区工作者可以直接进行公益方向导入,引导社区志愿者找到其志愿方向的"最大公约数"并行动起来。如果社区工作者面临的是需要帮助的社区残障人士,重点就不是进行公益导入了,首先应该解决其迫切需要解决的心理或者生活问题。华中师范大学湖北城市社区建设研究中心根据所面临的不同的社区情形,自主研发了社区治理流程(见图2-3)。

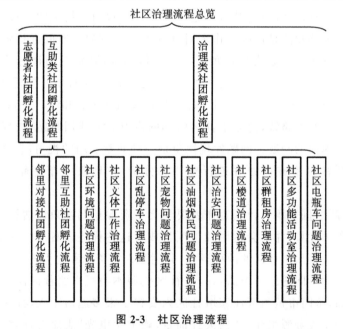

图2-3 社区治理流程

这里的社区治理流程,都是针对具体的社区治理目标而制定的。社区治理流程从暖身游戏一直到最后社团的孵化完成,每一步都存在相应的技术和要点,每套流程的步骤在九步到十八步不等。社区治理流程不是僵化的流程,每一步按照实践过程中正常的程序进行排列,具有可操作性。治理流程只是提供了简单的指引。社区工作者是较贴近社区居民的一群人,社区的情况千变万化,社区工作者在实践中可以对程序进行适当修改。

第三节 专业社工支持与社区草根组织的诞生

我们可以通过佟书记第一次参加社区公益创投实务能力培训及其回到社区进行项目实施的鲜活案例,观察社区居民委员会的社区工作者调整其自身角色的过程及在其引导下社区居民转变自身角色的过程,探讨社区工作者专业化条件下社区公益项目方向和功能的变化,以及在这样的状态下形成的社区草根组织的特征。笔者认为,社区居民委员会的社区工作者应检视自身社区状态,在不同的社区治理方向下扮演不同的角色,引领居民变换角色,通过孵化各类社区草根组织,在行动中改变居民,在项目运行中改变社区。

一、能力植入:需求发现者与行动参与者

2017年4月,佟书记参加了湖北省民政厅举办的社区公益创投实务能力培训,在长达7天的培训中,她重点学习了社区环境问题整治流程。在完成学习之后,佟书记根据自身的社区美食街情境,策划出了项目创意流程,并试图在回到社区之后进行项目的落地实施,为解决美食街问题寻找出路。

(一)问题提出:美食街治理困境

ZL社区美食街问题属于环境整治问题。从现有的困境来看,美食街问题是由商户和住户之间的矛盾引发的。无论是商户还是住户,在美食街环境问题中都受到了影响。佟书记的做法主要是试图从矛盾产生的对象之外去寻求解决之道。佟书记首先找到专业的清理团队对美食街的环境进行了清扫和整治,但是清理团队的清洁服务并没有办法根除美食街的卫生问题,社区又因财力有限不得不采取其他办法。接下来佟书记邀请了城管部门和物业公司联合进行问题整治,但是又因清理杂物与商户产生矛盾而无法继续。最后通过动员社区内部的志愿者进行问题整治也以失败告终。我们分析整个过程可以发现,在这三场治理行动中,政府、社区工作者、志愿者都参与其中,但是矛盾关联性最强的社区商户和住户从未参与其中,整个治理越治越乱,商户和住户意见越来越大,社区工作者也在为社区问题烦恼的同时被商户和住户的态度伤透了心。

解决问题从认识问题入手。首先,解决的问题是什么? 可以将ZL社区的环境问题分解为以下具体问题:商家的占道经营问题、排污问题、营业时间混乱问题,以及这些经营问题所导致的商户和住户之间的矛盾。ZL社区的美食街环境治理表面上是一个环境问题,实质上则是在公共区域内社区工作者、商户和住户之间的关系调整问题,这是我们在解决ZL社区环境问题时需要明白的

隐性课题。在处理过程中解决好这三方主体之间的关系,社区卫生问题自然会迎刃而解。其次,如何解决这些问题?在处理这些问题时,我们要认识到解决美食街问题不要纠结于矛盾的个体。解决这些问题,一是应该锁定问题背后的利益相关群体,运用群体态度影响个体态度的转变。二是遵循从易到难的原则,带动一部分商户先参与进来,困难的问题在相对容易的问题得以解决之后自然会得到缓解。三是要注意在解决问题的过程中将居民组织化。在解决美食街问题的同时要有意搭建一种长效型解决框架。解决美食街问题不只是解决问题本身,要在解决问题的过程中将这群具有共同纽带——美食街商户身份的社区居民聚集起来进行自我治理和自我服务。只有建立组织化机制,才能从根本上解决问题。

（二）程序设计:社区环境问题治理流程

佟书记在接受社区公益创投实务能力培训之后,对自身的社区问题进行了分析和总结,运用所学的知识和社区工作者一起分析设计出了一套针对本社区的环境问题治理流程。通过查阅 ZL 社区商住自治联盟台账,笔者获得了详细的治理流程。这套治理流程一共分为十一步,笔者根据其步骤内容的潜在指向性和同质性,将十一步流程分为四个阶段,即问题锁定阶段、治理方案制定阶段、治理践行阶段和持续治理阶段(见表 2-4)。接下来笔者就从其实施程序入手,描述进行治理的相关过程。

表 2-4 ZL 社区环境问题治理流程

人群锁定范围:社区工作者、社区住户、社区商户代表若干人			
所处阶段	步骤	采用的方法	内涵
问题锁定阶段	第一步:引导讨论问题:"我期待解决的社区环境问题"	卡片法	参与什么(强调参与主题)
	第二步:聚焦重点问题:"我认为最严重的社区问题"	卡片法,小组讨论法	参与什么(强化损失感)
治理方案制定阶段	第三步:收集"金点子"+寻找治理路线	"635"点子群技术+金点子串联法+小组讨论法	如何参与(寻找解决问题的方向)
	第四步:行动方案策划	小组讨论法+卡片法	如何参与(制定治理行动的具体方案)

续表

所处阶段	人群锁定范围:社区工作者、社区住户、社区商户代表若干人		
	步骤	采用的方法	内涵
治理践行阶段	第五步:制定行为公约	卡片法+表决法+签名法+小组讨论法	如何持续(保证治理行动顺利进行)
	第六步:制作行动海报	团队共创法	如何参与(宣传治理行动)
	第七步:开展行动(发现草根骨干)	卡片法+表决法+签名法+小组讨论法	如何持续(推动带动效应)
	第八步:开展行动(增能草根骨干)	卡片法+表决法+签名法+小组讨论法	如何持续(强化带动效应)
持续治理阶段	第九步:推广公益积分兑换机制(劳动清单)	小组讨论法+卡片法	如何持续(激励利益相关方参与)
	第十步:实施资源连接机制	卡片法+小组讨论法+思维导图	如何持续(注入行动激励)
	第十一步:组建社团	谈话棒法+签名法	如何持续(身份确认)

1. 问题锁定阶段

佟书记回到社区之后对自身社区的情况进行了总结。要解决社区的问题,先要将大家的注意力集中到所聚焦的社区治理问题上来,如果大家对共同商讨的议题本身无法达成一致性,则治理无从谈起。所以佟书记锁定了与美食街环境问题利益相关的一群人,试图在有共同需求的人群中寻找解决方法。

1)引导讨论问题:"我期待解决的社区环境问题"

在 ZL 社区美食街问题中,一共有三方群体:一是美食街的商户,二是美食街附近及美食店铺上方的住户,三是作为空间责任主体的社区工作者。以佟书记为首的社区工作者在流程实施中尊重社区居民,保证与居民的平等性构建,减少与居民的沟通障碍,试图拉近与居民之间的距离。佟书记带领的社工团队还策划了与商户和住户的沟通活动。为了体现对商户和住户的尊重,以佟书记为首的社区工作者策划了会议邀请函,并通过对商户和住户的走访将邀请函发放到每位居民手中,邀请他们在本月的居民大会结束之后开一次会。

这么久了这个问题还没解决，说实话我心里是很不满的。但是佟书记以及其他(社区居民委员会)干部的态度打动了我，他们一直在为我们这个事而努力，我很感动。之前我老公说这个(社区居民委员会)搞来搞去也没搞出个名堂，是不要我去参会的，但是这个邀请函送到手上了我感觉还是要去一趟，我还叫了几个关系好的商家一起，毕竟这个事尊重摆在这里。归根结底，我们也期待着这个问题能早点解决。

(资料来源：黄冈路美食街商户访谈，20190712WLB)

以上话语说明了平等参与的重要性，社会工作机制的嵌入，使社区工作者赢得了商户和住户的信任。社区工作者通过卡片的形式与商户和住户展开对话，他们的对话形式是引导商户和住户表达自身的观点："您觉得美食街整治中应该解决哪些问题？""您觉得哪些问题最严重？"以佟书记为首的社工团队引导商户和住户分别进行表达，运用不同颜色的卡片，进行归类打分汇总，选出大家最渴望解决的问题。

2)聚焦重点问题："我认为最严重的社区问题"

社区美食街的环境问题有很多，如果只是采用单纯的描述性书写，则会进入难以为继的情况。以佟书记为首的社工团队充分尊重社区商户和住户的意见表达，对商户和住户提出的意见进行了整合，邀请商户和住户对其认为最严重、最迫切需要解决的问题按照从高到低的次序进行打分并进行意见分享，各选出较具代表性的五项内容(见表2-5和表2-6)。经济学中有一种亏损规避理论认为，预期损失大于预期收益，即行为人在对决策进行心理计算时，对预期损失的估值往往会高于对预期收益的估值。投资者对损失更加敏感，这种心理反应在经济学中被称为亏损规避。在佟书记进行的自治活动中，其充分使用了这种机制，让商户和住户评估现阶段环境问题所造成的损失，不但使得商户和住户对自身的问题进行了整体观察，更让商户和住户看到了问题的后果，体会到了"损失感"，提高了其改变现状的行动力。

表2-5 商户意见汇总表

排序	内容	导致什么后果	打分情况
1	美食街街面清理问题	火灾	62
2	泔水排放问题	泔水阻塞下水道	47
3	美食街夜间照明问题	进货不方便	33
4	美食街停车位规划问题	影响行人安全	26
5	美食街宣传问题	顾客减少	7

表 2-6　住户意见汇总表

排序	内容	导致什么后果	打分情况
1	街面脏乱	火灾	56
2	占用消防通道	影响生命安全	46
3	乱扔乱倒垃圾	老人行动易出意外	38
4	油烟排放污染	环境污染	22
5	商户营业时间过长	噪声扰民	14

佟书记及其社工团队总结出商户和住户的五项内容后,同时邀请社区商户和住户作为志愿者就写出的内容向参会人员进行宣读和分享,让大家了解整合之后的意见。这种引导式工作方法给居民提供了理性思考的空间,让他们不再是一味争吵与责难,而是开始理性观察自身所处的环境,这也为下一步自治行动的进行打下了基础,为激发社区居民主体意识注入了活力。

居民参与社区治理存在强自主性与弱公共性困境。[①] 在不唤醒商户和住户之间公共性的基础上,会议只会带来争吵和难以为继。以佟书记为首的社区工作者在行动中立足商户和住户共处的生存环境进行问题讨论,淡化个体式的带有抗争性的单方面投诉,指明了"我们要解决的是集体的问题""会对我们的环境产生什么后果",把商户和住户放到了同一个"家园行动者"的定位上,有效避免了推诿和争执,为下一步的治理行动开创了良好的局面。

2. 治理方案制定阶段

问题的评估与损失感的放大激发了居民解决问题的热情,增强了社区居民的行动力,解决了"参与什么"的问题。接下来面临的问题就是"怎么参与",治理方案制定阶段即是让居民的行动有章可循,制订科学的行动计划。

1)收集"金点子"+寻找治理路线

执行团队通过对商户和住户意见的整合,罗列出社区环境问题所导致的后果。然后,执行团队对与会的商户和住户进行分组,引导其针对社区环境问题所导致的后果收集治理"金点子",找到解决这些问题的最好方式。每个人在小组讨论中畅所欲言地表达自身对于解决方式的意见并拿纸进行记录。"635"点子群技术即以 6 个人为一组,每个人提出 3 个点子,耗时 5 分钟,耗时完毕后组员将提出的 3 个"金点子"在组内顺时针传递给下一位进行分享,被分享者根据上一人提出的"金点子"再进行"金点子"联想创新。如此循环,6 个人循环一圈,

---

① 尹浩,舒晓虎.新时代城市社区治理中的居民主体性培育路径研究[J].求实,2018(4):76-87,111-112.

最后可汇总成108个金点子。执行团队引导商户和住户讨论出诸多"金点子",并对"金点子"进行汇总与打分(见表2-7),找到大家最为认同的活动方案。

表2-7 金点子汇总表

排序	金点子	分数
1	开展街道大扫除	39
2	规范摊点范围	34
3	制定卫生公约	30
4	上报污水问题	26
5	进行防火宣传	21
6	管理交通秩序	10

从来没采用过这种商量事情的方式,很新鲜,比我们之前坐在底下听社区(工作人员)讲有意思多了。我看了大家的表达也很不可思议,居然有这么多解决办法,看来群众的力量是无穷的。我一直以为开展活动是专业的居委会(社区工作者)的事,现在发现我们其实也可以开展活动,也没有什么难的。

(资料来源:黄冈路美食街商户访谈,20190712WLB)

居民的主体性生成的过程,是居民在参与各个环节中逐渐提升自我价值和自信心的过程。[1] 从问题的表达到后果的评估和结果的分享,再到点子的策划,以佟书记为首的社工团队一直在培育居民自我思考的能力,不断培养居民的主体性,增强居民自我行动的能力。居民在不断行动中发现了自身能力,提高了行动自信,并在策划中强化了其对于行动方案的责任感,为下一步的行动做好了准备。

2)行动方案策划

"参与什么"的"金点子"已经产生了,下一步则是围绕着大家都认可的"金点子"将行动计划编制出来。以佟书记为首的执行团队引导居民分成两组,并根据他们投票最高的"金点子"进行行动方案策划。每组商户和住户通过团队协作和共同创意,从活动名称、时间、分工、步骤等四个方面进行活动创意,最终在商户和住户的策划下,选出"开展街道大扫除"金点子进行活动创意,并通过集体投票选出最佳行动方案。活动创意来源于商户和住户投票最多的"金点子",是民意的"最大公约数",是居民意愿共同整合的结果,这也让参会商户和住户的积极性得以调动。商户和住户根据"最大公约数"进行活动创意,不断增强活动的可操作性。活动创意以每3个人为一个创意小组,每个小组创意完自

---

[1] 陈伟东,马涛.过程化要素:居民主体性生成的新视野[J].江汉论坛,2017(11):133-138.

身的活动之后与其他小组交换方案并进行完善,得出完善的行动方案。

大扫除行动方案示例

活动名称:"街角的你"大扫除

时间:每周六下午(14:30—17:00)

分工:刘××(召集人),朱×(准备工具),邵××(宣传活动),赵××、刘××(沟通商户和住户)

步骤:

1. 准备工具:铲子10个,带把的钢丝球10个,扫帚8个,拖把6个,耙子8个,除油精2桶,水管2个。
2. 商户和住户各派一个代表挨家挨户宣传大扫除活动。
3. 制订清扫计划。先易后难,先从天宝幼儿园后方颐阳路附近的街面入手,其次清理交通里与黄冈路交叉口的街面,最后清理交通路和黄冈路附近的街面。
4. 清扫顺序。流程上,首先请各家各户在清扫时间以前将各自门口的杂物简要收拾下,然后先用除油精进行喷洒,再用钢丝球与耙子对顽固的脏东西进行处理,最后用高压水管进行冲洗。具体清扫上,先清理墙面油污和下水道堵塞物,再进行街面处理。

签名:……

最后,以佟书记为首的社工团队还引导参会的商户和住户在活动方案上签名,组成了行动团队,每个行动团队内部又给每个人做好了分工,行动方案得以最终确立。从最初的"金点子"创意到后面的行动方案策划,居民的意愿得到了充分尊重,每一步的表达都是民意的表达,每一步的活动中商户和住户都是"主角"。到了活动创意的签名阶段,与会的商户和住户甚至开始主动"招揽"行动团队的成员进行签名。利益相关群体在活动中的身份得以充分调动,不仅在活动中加强了商户和住户之间的沟通,提升了社区归属感,激发了居民的自组织能力,培育了公共精神,商户和住户中具有突出能力的草根骨干也开始显现。

治理方案制定阶段是社区工作者赋权的关键步骤,有助于居民的快速成长。社区工作者在行动中要引导和激发社区利益相关群体的参与活力,提高居民的行动力。收集"金点子"和策划行动方案的过程即是激活居民主体性的关键步骤。问题锁定意味着社区居民开始确认自身的身份,把自身代入治理情境,是打破其参与"第三人"困境的第一步。收集"金点子"则是借助先进的社会工作技术,在活动中借助居民群体的创造力,提高其参与能力。从想出点子到形成方案再到推选方案,每一步都遵循着民主投票的原则,民主投票的背后是平等的权利,权利行使的过程透明且接地气,每一位在场的商户和住户都看到了权利实现的过程,这也为权利的执行扫清了阻力。最后,以佟书记为首的社工团队运用签名法,锁定了执行项目活动的人,明确了每个人的责任范围。这样不但减少了"搭便车"现象发生的可能性,也让每个活动成员的权责更加明确,增加了居民集体行动的可能性。

3. 治理践行阶段

治理践行阶段意味着治理行动开展的过程。治理践行阶段可进一步分为制定行为公约阶段、制作行动海报阶段和开展活动阶段。在开展策划活动之前,社区工作者首先需要引导社区相关利益群体对自身的行为进行风险评估,制定活动规则,规避开展活动可能产生的风险,这样才能保证活动的持续进行。其次,社区活动的开展意味着社区利益相关者自我组织人员开展活动,在这样的活动过程中需要吸引更多的利益相关方的参与。在场讨论活动的商户和住户并不能代表所有的商户和住户,为了能让更多的商户和住户参与到治理活动中来,让更多的商户和住户了解治理行动、支持治理行动,对行动的宣传就至关重要,而制作行动海报即是为了宣传治理行动。然后依照之前策划和投票选出的行动方案开展活动,社区工作者在行动开展过程中要加以引导,缓和居民组织行动与参与行动过程中的矛盾,并帮助推动行动的顺利进行。对于社区工作者来说,开展行动的阶段还有特殊的意义——找到团队骨干,只有确认团队骨干才能让居民真正自我组织、自我行动起来,居民草根组织才能真正成立。

在策划出具体的行动方案之后,以佟书记为首的社区工作者引导居民开展行动。以佟书记为首的社工团队在此阶段有两个目标:一是让美食街的治理行动遵循先易后难的原则进行下去,改善美食街的环境;二是发现和增能隐藏在社区居民之中的积极分子。前者是为了美食街环境问题的解决,后者则是为了确认积极分子,组织商户和住户,维持治理成果,保证治理成果的长效性。

1) 制定行为公约

公约是一种对参与治理的主体的行为规范,是为了划清主体行为的边界。社区公约是居民自我意愿的表述,也是民间契约的重要形式,是法治与自治结合的重要载体,具有一定的实用性。从本次治理行动来讲,以佟书记为首的社区工作者组织居民制定行为公约是为治理行动扫清障碍。改善现有困境的前提是规范居民自身行为。执行团队引导居民对其在参与治理行动中的行为进行规范,引导与会的商户和住户根据已表达的美食街存在的卫生问题来思考"为解决这些问题,我自己能做什么"。以佟书记为首的执行团队采用对话沟通的方式,将商户和住户分为两组进行讨论,运用卡片法与小组讨论的方式进行整合,经过归类,美食街治理公约正式形成。

ZL 社区服务站工作简报

在这个花开的季节,ZL 社区商住自治联盟开展了第一次活动,本次活动的主题是锁定美食街环境问题,找到解决办法。在本次活动中,佟书记引导商户和住户分析了美食街的问题,评估了环境问题后果并创意了"金点子",制定了行动方案。

以佟书记为首的社工团队运用了社区工作者的专业方法,运用社工游戏加强商户和住户之间的熟悉程度,运用卡片法代替语言表达避免分歧,运用小组讨论法找出具体方案,运用民主投票提高参会居民的认同程度,体现了社区工作者的专业性。

本次活动制定了"街角的你"大扫除行动方案,并且在活动前分别讨论了商户和住户所应遵守的卫生公约,引导社区商户和住户在各自的公约下进行签名。

商户公约:①不乱倒泔水;②积极配合和参与清扫工作;③不占用人行道;④营业时间不得超过晚上十二点;⑤做好店内卫生;⑥完善防火设备,定期整理消防设施。

住户公约:①有事先去社区居民委员会协商解决,如不满意再进行投诉上报;②有事文明协商,不得斗殴或吵架;③自发维护街道交通秩序,保持街道路面畅通;④积极配合治理活动。

本次活动群英荟萃,大家都积极踊跃地参与到活动中来,全场气氛热烈,大家纷纷出谋划策,热心地提供工具和自身资源,效果显著。

(资料来源:ZL 社区商住自治联盟台账)

执行团队整理好公约之后,对公约进行了宣读,并引导社区商户和住户进行签名,ZL 社区美食街治理公约正式形成。在整个过程中,执行团队运用社会工作的表达技巧,充分引导居民进行了自主协商。整个流程都是在自治的环境下开展,整个公约没有受到外部的影响,每个表达都是来源于居民的实际诉求。

行为公约是公约的一种。公约属于软法,而法律属于硬法。硬法的特点是以惩罚为重点,以触犯规则的后果为威胁,一般规定的是不能做的事。譬如法律规定"不允许故意伤人"。其一般以惩罚一部分人来规范其他人,让其他人不能做出格的举动。硬法的执行基础是国家权威,由国家通过宣传机关进行宣传,由执法机关进行执行,覆盖面是全体公民,每个人必须接受硬法的管理。而居民公约则是建立在居民认同的基础之上,是居民自己提出的带有民间契约性质的共识文书。其重点在于激励,试图以公共认同的行为性契约来规范某种行为。软法不具有强制执行的内涵,需要居民自发遵守,其隐藏逻辑为"以激励一部分人来带动其他人"(见表 2-8),其覆盖面为认同公约的人,具有一定的范围性。以佟书记为首的社区工作者引导商户和住户制定行为公约,是一种强化集体共识的体现,具有"志愿性"和"认同性"。这样的公约相较于作为硬法的法律会更加生活化,每个人都是公约的"执法者"与"践行者",较容易得到商户和住户的认同。

表 2-8 硬法和软法比较

分类	主体	落地机制	内涵	执行基础
硬法	公职人员,执法人员	惩罚	以惩罚一部分人来规范其他人	国家权威
软法	居民	激励	以激励一部分人来带动其他人	居民认同

2) 制作行动海报

在制定行为公约之后,佟书记及其社工团队开始引导商户和住户制作行动海报。行动海报用于对治理行动进行宣传,其本身具有三重目的。一是对与会的商户和住户具有提醒作用,提醒其参与活动的时间。二是可以对治理行动产生宣传作用。佟书记及其团队将海报张贴在社区内的宣传栏中,让社区内未能参会的商户和住户了解社区即将开展的治理行动。三是可以招募相关成员共同开展行动。海报在对利益相关群体进行宣传的同时,也欢迎志愿者加入治理行动。有些商户和住户因为私人问题未能参会,看到海报也可以直接参与进来。

佟书记及其社工团队发给每个小组一张大白纸和五种颜色的美工笔,每个小组的成员在二十分钟时间内设计出海报。海报内容要求包含大扫除的时间、地点与步骤等信息,同时社工还引导商户和住户写明:同样欢迎想参与美食街治理的有识之士参与进来,共建美好家园。

《中共中央 国务院关于加强和完善城乡社区治理的意见》要求进一步增强基层群众性自治组织开展社区协商、服务社区居民的能力。社区居民委员会的社区工作者作为群众性自治组织的组成人员是政策的关键执行者,在每一项活动中都要以塑造居民的主体性为目标,不断提升居民议事能力、执行能力,激发人民群众的创造力。

你问我活动有什么收获啊?这次活动我有三大收获。一是开展一次活动真的不容易,我们没开展过还觉得很轻松,居委会(的干部)真的不好做啊。二是这次活动也让我真正感觉到我们自身的活力。以前我看居委会(的干部)策划出来的活动我都不想参与,觉得跟我没有关系,这次我感受到了那种责任感,我参与策划的活动,肯定还是要做的!毕竟是自己的社区嘛!我自己参与提出的(活动计划),我一定要把它执行到底!三是我感觉我很快乐,以前我们这几个(商户和住户)碰到一起谁也没有太多的好脸色给对方看,这一次我们居然还一起开展了活动,真是不可思议!

(资料来源:黄冈路美食街商户和住户访谈,20190715WLB)

从公约的制定到海报的制作,商户和住户体验到组织活动、策划活动的过程,他们开始了解自身所处的"生活实践",认识自身的情境。只有人们认识自身的情境,了解自身的利害,他们的行为才是对自己真正负责的。在以佟书记为首的社区工作者的引导下,与会的商户和住户充分认识自身所处情境并且进入社区工作者的工作情境,了解社区工作者的所行所感。居民的主体性塑造过程是一个交互的过程。居民和社区工作者进入彼此的生活实践,共同认识问题,共同分析问题,共同解决问题。社区工作者摒弃原先的"施与者"和"专业人"的身份,通过社会工作方法与居民共同寻找问题的答案。居民也在认识自身情境的同时了解社区工作者,认识到自身的责任与价值。社区工作者与居民在治理行动中相互了解,为下一步的治理行动奠定了基础。

3)开展行动(发现草根骨干)

公约与海报制作好之后,转眼就到了开展行动阶段。在开展行动阶段,佟书记及其社工团队在引导行动顺利进行之外,还需要找到那些在行动中"崭露头角"的积极分子,并把他们发展成为社团骨干,成立骨干团队,这样草根社团才能持续健康运转。

在讨论会后的第一个周六,商户和住户执行团队分别准备好了活动需要的物品,开展了治理行动。整个清扫活动持续了约三个小时,活动开展得如火如荼,许多商户和住户都参与到大扫除中来。活动结束后,大家看着焕然一新的街道,都感受到了满满的成就感。佟书记及其社工团队宣布大扫除工作取得了胜利,同时邀请商户和住户代表在周日的居民大会上分享活动心得。

转眼到了周日,商户和住户来到大会现场,佟书记及其社工团队首先把清洁前后的街道照片做了对比,让大家再一次感受到清理的成果。接着社工团队邀请在活动中表现积极的商户和住户代表上台进行活动感受分享。大家纷纷畅所欲言,气氛非常热烈。在完成分享后,大家商议下一步行动方案。在大扫除活动中,部分表现突出的商户和住户崭露头角,获得了大家的称赞和认可。于是,社工团队让部分积极的商户和住户代表来引导大家进行下一步行动方案的策划。经小组讨论协商,下水管网整治和更换油烟设备的活动被提上日程。

草根骨干的发现与培育是居民组织化过程中较重要的步骤,也是佟书记及其社工团队进行社区治理与其他社工组织有所区别的地方。社区治理要激发居民的主体性,实现从"他治"到"自治"的转变,居民的自组织是实现居民自治的载体,而是否存在一个或者若干个草根骨干是社会自组织能否产生的关键。草根骨干指的是居民中具有奉献精神和组织能力较强的积极分子,这些积极分子在经过社区工作者赋权之后能够自发组织引导相关群体开展社团活动。草根骨干的发现过程是自我确认与群体确认相统一的过程。社区工作者有意把社区活动积极分子推到台前,为下一步的推选做好准备。

4) 开展行动(增能草根骨干)

ZL社区的下水管网堵塞给美食街整治带来了诸多不便。要想保持美食街的卫生整治成果,就要对下水管网进行整改修缮。经考察,下水管网的堵塞有两方面原因:一是美食街的下水管网本身较小且较为老旧;二是长期排放泔水等食物废料。整修下水管道成为关键行动。以佟书记为首的社区工作者引导商户和住户中的积极分子主持讨论会,大家在开放空间会议中讨论下水管网问题,在场的每个人的意见得以充分表达。经商户和住户代表商议,决定从两个方面入手解决:一方面对下水管网进行维修,扩增下水管网;另一方面严禁直接排放泔水,对美食街内部每个商铺的泔水进行单独排放。

ZL社区服务站工作简报

ZL社区服务站迎来了第三次活动,美食街的部分商户和住户代表及社区工作者参与了这次活动。本次活动以下水管网的整治为主题,整个活动以捶背揉肩游戏为开场,营造了熟悉的活动氛围。

本次活动的第一个环节是收集解决下水管网问题的"金点子"。商户和住户中的积极分子组织到场的居民进行了小组讨论,经过投票统计,商户和住户的意见按排序集中于以下几类:一是请公司对下水管网进行整修,费用由大家均摊;二是禁止将生活用水等杂物直接泼洒到街面水渠中以免堵塞管网。三是每家每户对自家门前地面上的下水管网进行修缮。

本次活动的第二个环节是收集解决泔水问题的"金点子"。经过小组讨论和投票统计,商户和住户的意见主要集中于以下几点:一是完全禁止排放泔水,每家泔水由自家解决,原则上不能排放到美食街之内;二是邀请商业公司介入对泔水进行分解处理。

在本次活动的最后,社区工作者同商户和住户一起做了资源连接,最后决定由社区出面,联系辖区内的城管局进行协调。

本次活动美食街的商户和住户参与的人数比上次增加了10人。在议事过程中,商户和住户中的积极分子充分发挥了"传帮带"作用,新来的商户和住户迅速掌握了议事规则,整体议事氛围良好,居民参与公共事务的热情得以激发。

(资料来源:ZL社区商住自治联盟台账)

在第三次开放空间会议上,执行团队与居民代表进行了问题讨论,大家群策群力,讨论出"两手抓"的治理方案。一方面,由执行团队同商户和住户代表通过资源连接的方式,联系辖区内的城管部门,并与其开展了三方会议。会议决定由城管部门协调专业的市政机构对美食街的下水管网进行管道整改方案设计,并由商户和住户代表将方案带回社区与美食街的商住群体进行讨论,最后由商户和住户代表反馈居民意见,下水管网整治正式启动。另一方面,改"堵"为"疏"。由城管部门和社区进行协调,在每个商户门口单独设立一个垃圾桶用于泔水存放,并由城管部门联系垃圾车每天定时对泔水桶内的垃圾进行回收处理。最终,下水管网整治行动圆满成功。

草根骨干为什么如此重要?社区治理不是社区工作者的"单人舞",社区治理的进行离不开社区居民的有序参与,离不开与居民之间的理性对话。社区工作者要学会在赋权居民的同时找到居民之中的草根骨干,并增能草根骨干以起到四个作用。一是以草根骨干具有的共同利益身份为基础来整合社区相关利益群体,统一对话过程。二是以草根骨干的影响力为基础,传播理性的对话方式。三是以草根骨干的权威性为基础,整合对话中的居民诉求。四是以草根骨干的公益性为基础,推进对话结果的实现。

对草根骨干该如何"增能"?作为社区工作者的佟书记深谙此道。在活动中,佟书记引导商户和住户代表注意三点。一是流程控制。草根骨干作为居民会议的主持者,需要了解整个讨论流程,掌握讨论技术,把每一步的讨论控制在一定的范围与时间内,不让居民讨论"跑题",同时兼顾讨论效果。二是尊重优先。佟书记引导积极分子充分尊重每一位到场居民的意见,只有尊重每一个人的意见,与会居民的观点才能充分表达。三是不要表态。在整个开放空间会议技术下的讨论中,要尊重居民的意愿表达,不要将个人的想法与解读强加在居民的意愿之上。草根骨干的培育过程是社会工作方法的培育过程,它涉及一些民主讨论方式的讲授,诸如开放空间会议技术及其内部的卡片法、小组讨论法等。其关键在于对草根骨干本身思维逻辑的转变,只要以平等包容的心态让居民的意见按治理流程得以充分表达,好的治理结果就能达到。

对草根骨干的讨论在学术界一直有之。应星认为,草根骨干一般是较有威望与资源、既有胆量又有谋略的人。草根骨干是社会中具有共同诉求的群体推选出来的具有某种特质的人。草根骨干的发现与推选遵循的是责任心、奉献意识和群体认同三个原则,责任心和奉献意识是较主要的特质,领导能力与组织能力都可以在参与式治理实践过程中被赋予。草根骨干需经历"自我认同"与"他人认同"相统一的过程,即其骨干身份需受周围的相关利益群体认可,并被其自身认可。认可是草根骨干区别于其他社团成员的标志。因而在本书中草根骨干可以被定义为:在社团治理行动中倾注了大量时间或精力,获得了相关利益群体的广泛认可,完成了自身的角色确认,并且能够影响治理行动方向和进程的人。

草根骨干的发现和培养是参与式治理技术流程中的重点。在整个治理过程中,以佟书记为首的社区工作者一直试着对居民赋权,激发居民参与的积极性,在不断流程化的参与过程中培育其程序意识与民主意识。但是社区工作者不可能把每个人都教会,社区的草根社团也必须实现自我运转。草根骨干则是实现社团自主运转的重要角色,其掌握了社会治理技术流程,又因其本身与社团群体的利益关联性而具有一定的沟通能力,是连接社区工作者与社区各类社团的人,其成长与培育是社团走向成熟的重要一步。

4. 持续治理阶段

社区居民自治行动的持续开展需要多种治理程序予以支持,需要有持续激励机制以保证社团活动的持续进行,需要有资源的输入以保证激励机制的运转,需要建立长效化的社团运转机制。

1)推广公益积分兑换机制

佟书记及其团队在社区商户和住户中推广公益积分兑换机制,激励社区商户和住户的持续参与。所谓公益积分兑换机制,是引导具有相同利益的居民开展集体议事,自我定义自身可以积分的公益行为与可兑换的服务或者物品,在积分达到兑换标准时在积分目录中自由兑换自己需要的服务或者物品的一种激励机制。积分兑换作为一种激励手段在营销中被广泛应用,其可以通过积分目标的设立激励成员参与并产生指定的行为。美食街商户和住户根据自身的优势和特长,开展志愿行动以获取积分。其中,美食街的住户提供的更多是服务类的公益行为积分项,而商户因为长期的忙碌与自家店铺的经营,其更多是提供资源以获取积分,比如提供自家的美食券。积分兑换机制有利于社区商户和住户的融合,推进商住自治联盟的成立。

(1)制定公益积分兑换标准。

在以佟书记为首的社工团队和社团骨干的引导下,社区商户和住户代表共计27人开展了第三次开放空间会议,讨论治理行动中的激励问题。大家一致通过了社工团队提议的公益积分规则。在讨论开始时,首先要确定公益积分兑换标准,经大家协商后统一以10元1积分作为公益积分兑换标准。在确定公益积分兑换标准之后,执行团队带领与会的商户和住户分别开始制定公益积分清单。制定公益积分清单分为三步:第一步引导商户和住户讨论"我认为哪些行为是公益行为"。第二步,引导商户和住户讨论"我从事这些公益行为能够获得多少公益积分"。第三步,对同样行为不同积分的项目进行打分,统一出公益行为项的唯一积分标准。经过执行团队的整理及在场商户和住户的表决,商户和住户的公益积分兑换标准(见表2-9)正式出炉。

表 2-9 公益积分兑换标准

群体	公益行为或物品	积分
住户	上报管道堵塞	2 积分/次
	治安巡逻	2 积分/小时
	协助清理路面油污	3 积分/次/小时
	捡烟头	1 积分/20 个烟头
	协助挪车位(维护交通秩序)	1 积分/次
	防火知识宣传	2 积分/次/小时
	协助他人清理杂物	1 积分/次
商户	10 元美食兑换券	1 积分/次
	定期检查社区下水管网	2 积分/小时
	参与治安巡逻	2 积分/次/小时
	捡烟头	1 积分/20 个烟头
	协助挪车位(维护交通秩序)	1 积分/次
	防火知识宣传	2 积分/次/小时
	协助他人清理杂物	1 积分/次

与会的商户和住户代表把现场讨论的公益积分兑换标准带回到美食街街坊中,在宣传公益积分清单的同时请更多的居民参与丰富清单内容。随着居民们的补充,商户和住户的公益积分清单日益清晰,制定的标准也更加科学。公益积分兑换机制不仅是对居民的一种物质和精神激励,更是一种肯定,这也是公益积分兑换机制与普通积分兑换机制的区别。普通积分兑换机制以物质吸引为推动力,试图以物质奖励促进行动,其积分背后是高积分者较强的购买力,其目标是私人化的,且积分者之间的关系呈现单纯的竞争性关系。在公益积分兑换机制中,公益积分只是一种手段,重点是背后公益精神的内涵,积分者付出的资源和服务越多,能够兑换的物品就越多,参与者更加看重的是其他积分者的认同与尊敬。并且在这个过程中,由于积分目标的公共性,社区相应的公共环境也能获得改善。

(2)制定公益积分兑换清单。

以佟书记为首的社工团队把公益积分兑换清单拿给商户和住户进行讨论并与其约定开会时间。会上,社区工作者把丰富之后的公益积分兑换清单给大家进行讨论,大家一致通过公益积分兑换清单。之后,执行团队引导与会的商住户代表正式制定公益积分兑换清单(见表 2-10)。制定公益积分兑换清单分为两步:第一步,引导居民讨论"我可以提供哪些兑换物品";第二步,引导居民讨论"我提供的物品/服务需要多少积分兑换"。

表 2-10 公益积分兑换清单

兑换物品	积分
湛江猪蹄(500 克)	5 积分/份
铁板牛肉(500 克)	3 积分/份
冒菜(200 克)	2 积分/份
烤鲫鱼(1 只)	3 积分/份
牛板筋(200 克)	2 积分/份
羊肉串(5 串)	1 积分/份
精油开背(40 分钟)	5 积分/次

ZL 社区美食街商户和住户的兑换清单主要集中于食品和休闲娱乐等。由于商户大多数时间要进行营业,所以商户一般作为兑换主体而存在,而住户一般作为积分主体而存在。商户进行积分兑换会使得商户承担一系列运行成本,但是大多数商户还是愿意进行积分兑换。究其原因,主要集中于两点。一是积分兑换的过程也是商户宣传的过程,一次积分兑换的过程如果让住户感到满意,那么住户在下次进行消费选择时无疑会更加倾向于光临其店铺,这也扩大了其客户源。二是积分物品为限量供应,每个兑换种类商家都会设置兑换上限,比如湛江猪蹄一年最高支持兑换十斤,积分兑换对商家的总体营业收入影响较小。

2）实施资源连接机制

资源连接机制是给社区公益服务行动提供资源支持的一种社会治理技术。其技术的内核是社区工作者引导社区居民连接身边的各类人力或者物力,以支持公益行动的顺利开展。在 ZL 社区美食街治理行动中,佟书记及其团队连接了辖区内的城管部门给治理行动提供专业的管网设计方案和泔水桶,这就是典型的资源连接。

资源连接机制在社会工作技术中的操作主要通过思维导图的方式来实现。在制定公益积分兑换清单后,佟书记及其社工团队择机开展开放空间会议,本次会议的议题是解决社区公益积分兑换的资源问题。讨论分为三个步骤:一是将大家分为单位资源连接组和人力资源连接组;二是两组根据公益积分兑换清单的物品需要,分别连接所需兑换的人力、物力资源的提供者;三是各组之间交换和补充清单。

资源连接机制在参与式治理体系中作为公益积分兑换的支持系统而存在,它不断扩展社区公益行动的范围及可能性,将很多社区内部隐藏的资源带入社区公益支持系统中。在资源连接过程中,佟书记及其社工团队始终坚持"资源共享,互惠互利"的原则,在志愿者提供自身资源的同时了解其诉求,将提供自身资源的单位或者商户和住户的兑换需求记入公益积分表,同时为其计算公益积分。

3) 组建社团

执行团队在经历了多次活动之后,开始进入组建社团阶段。组建社团的意义在于对社团骨干身份的正式确认与社区工作者的正式退出。整体上来讲,之所以要推选社团骨干,其实质目标就在于实现居民的组织化,让居民能够自我组织起来回应自身的需求并解决自身的问题。在长期的活动中,经营小炒的邓老板,经营湛江猪蹄的周老板,经营"川家一菜"的王老板,以及住户刘爹爹脱颖而出,被推举为社团骨干。

ZL 社区在黄冈路组建"舌尖上的 ZL"自治管理委员会

2016 年 5 月 12 日下午,黄冈路特色餐饮一条街 39 名业主和部分住户齐聚在 ZL 社区三楼会议室开展自治管理委员会(简称"自管会")组建活动。

会议由佟书记主持,进行了三项内容。首先,佟书记回顾了长时间以来 ZL 社区美食街的治理过程,发表了自己的感言,对一直以来的美食街治理中商户和住户的配合和支持表达了感谢。其次,社区工作者引导在场的社区商户和住户进行社团骨干的推选。经过大家"七嘴八舌"的讨论和卡片书写汇总,推举邓老板、周老板、王老板和刘爹爹为商住自治联盟的社团骨干。最后,几位当选的社团骨干发表了感言。

佟书记宣布以后各项活动也由社团内部自行组织,社区居民委员会以后只给居民提供指导和帮助,"舌尖上的 ZL"自治管理委员会正式成立。

"舌尖上的 ZL"自治管理委员会这个新的社会组织,将通过推行"政府引导、社区指导、业主参与、民主协商、共驻共建、自治管理"的运行机制,进一步规范黄冈路及周边特色餐饮经营秩序,提升 ZL 社区特色餐饮业态水平,推广"舌尖上的 ZL"特色风味美食小吃,打造特色餐饮文化品牌,营造优良的卫生环境和人文环境。

(资料来源:ZL 社区商住自治联盟台账)

执行团队引导推选社团骨干并不是选"领导"的过程,而是在挑选骨干团队。培养骨干团队可以避免单个骨干可能产生的"独断专行"或者"任务繁重"问题,培养居民的合作意识。佟书记及其社工团队引导骨干团队进行明确分工:邓老板和刘爹爹负责联系商户和住户,起到联系利益群体的作用;王老板负责管理积分兑换事宜,进行积分的管理和登记;周老板负责社团行动的组织和宣传。在明确分工之后,执行团队讨论了商户和住户的生活公约和社团章程。

至此,邓老板等社团骨干宣布,ZL社区商住自治联盟正式成立。

ZL社区美食街的商户和住户走向了自治的道路。社区社会组织是居民自治的有效实现方式,为居民自治的深度和广度的拓展找到了载体。有的学者从社区服务的角度出发,认为社区社会组织弥补了社区公共服务的空白,提供了社区参与的平台,化解了社区矛盾,增强了社区居民的凝聚力。[①] 有的学者则从居民自治的实现路径出发,提出社区社会组织可以形塑社区的公共空间,改善社区的空间状况,提升居民参与自身事务、反映自身需求的能力。[②] 有的学者从社区共同体塑造的角度,认为培育社区社会组织是实现社区共同体塑造的可靠路径。[③] "舌尖上的ZL"商住自治联盟作为社区商户和住户自发成立的社区草根社团,提供了社区参与的新路径,为居民自治的实现打下了良好的基础。

佟书记及其执行团队自始至终都在尝试居民自治组织化,这也是参与式治理体系的目标。如果社区草根组织无法独立运作,那么社区工作者无疑是给自己增加了负担,社区工作者只能不断帮助他们策划活动,不断为他们社团的发展出主意,这本身就会偏离社区自组织孵化的本意。社区草根组织的培育就是要让社区居民自发地组织起来,回应自身的需求,解决自身的问题。不能独立运作的社区草根组织就像一个瘫痪的人,连"站立"都无法实现的人,又怎么能解决自身的问题?这样的社区草根社团反而会成为社区居民委员会新的"工作任务",这和基层社区治理中推进社区居民自治的初衷是相违背的。社区自组织的独立运作要在社区有相应的抓手,必须由专业化社区工作者来助推它的实现。社区在地的社区工作者进行社会组织孵化、推进社区治理有两大好处。一是消除社区草根社团与社区居民委员会的"对立化"倾向。社区工作者参与培育社区草根社团的过程是一个社区工作者与本地居民加强沟通和联系的过程。社区工作者和居民彼此进入对方的生活实践,社团培育的过程即是社区居民委员会与居民沟通不断强化的过程。在这个过程中,社区居民委员会的权威在不断得到加强。但是值得注意的是,沟通不代表包办。社区工作者需要在社区草根社团的培育过程中摒弃包办性思维,从一只"全能的手"变成一只"推动的手",在不断引导提升草根社团居民自组织性的同时推进其独立性建设,推动社团骨干领导其社团成员不断激发自身潜能,实现社团发展。二是减轻社区工作者的压力。在ZL社区商住自治联盟成立之后,每当社区内有需要沟通交流的事务,社工直接与自治联盟的社团骨干沟通,事情就会好解决得多。社区社

[①] 张彩玲,张志坤.社区社会组织参与社区治理现状研究——以大连市甘井子区为例[J].东北财经大学学报,2016(1):91-97.

[②] 陈伟东,李雪萍.社区自组织的要素与价值[J].江汉论坛,2004(3):114-117.

[③] 许宝君,陈伟东.居民自治内卷化的根源[J].城市问题,2017(6):83-89.

工作的重要原则之一就是创造"熟人社会"。社区居民委员会的社区工作者孵化出来的社区草根社团不被社区服务项目购买的周期性所限制,社区工作者会长期"驻扎"在社区,其进行社区草根社团孵化不仅加强了商户和住户之间的联系,同样也成为社区联系商户和住户这类同质性群体的新载体,降低了社区内部各类事务性工作传达的成本。

二、社区草根社团:ZL 社区商住自治联盟

社团的孵化依赖相应的项目运行机制。在学术界,项目是一个比较宽泛的概念,其本义是在限定时间和限定资源的约束下,利用特定的组织形式来完成一种具有明显预期目标(某一独特产品或服务)的一次性任务。企业组织经常通过项目制突破科层制框架,来完成一项具有明确目标的一次性任务。项目制不属于常规组织结构的某个层级或位点,而恰恰要暂时突破这种常规组织结构,打破纵向的层级性安排(条条)和横向的区域性安排(块块),为完成一个专门的预期事务目标而将常规组织中的各种要素加以重新整合。① 而公益创投不但意味着参与的组织的非营利性,而且意味着目标的公益性和治理结果共享的普遍性。湖北省民政厅积极探索以公益创投项目牵引社区治理的路径,以公益创投项目机制,撬动社区工作者的参与热情,试图通过"公益创投项目—地方政府—社区工作者—社区居民"四点一线的激励模式,推进"政府治理、社会调节和居民参与良性互动"思路的落地。湖北省公益创投项目要求社区工作者聚焦城乡社区治理中的重点、难点、热点问题,策划公益项目,围绕邻里互助、困难帮扶、问题治理等内容开展,以社区资源为基础,以一套专业化的社区治理技术为依托,激励社区居民作为行动者与社区工作者共同解决社区难题。

从"舌尖上的 ZL"商住自治联盟的孵化过程来看,以佟书记为首的社工团队抓住社区内部较为突出的社区治理问题,从社区美食街环境整治入手,引导居民一步步开展自治行动,动员社区居民从原先的"旁观者"变成"行动者"。在社团项目的孵化过程中,社区美食街的居民从自治能力到自治意识都发生了转变,整个社区美食街的整治也从社区居民委员会的"他助"走向美食街居民的"自助",项目实现了预期目标。

"舌尖上的 ZL"商住自治联盟的项目团队主要由三方人员构成。一方是以佟书记为首的社工团队,一方为社区商户和住户的骨干团队,一方为社区内部的辖区单位。我们从社团给社区提供的产品的角度来观察,社区内部的辖区单位为商住自治联盟提供资源支撑,社工团队为社区社会组织提供技术输入帮助

---

① 渠敬东.项目制:一种新的国家治理体制[J].中国社会科学,2012(5):113-130,207.

其进行协商对话行动，两者的存在都是给社团组织输入资源，以支持社区自组织的持续行动。所以商住自治联盟的社团结构其实可以总结为行动支持结构。

行动支持结构是社区治理方向的必然，不产生沟通对话就无法解决社区治理问题。整个社区美食街治理过程可以总结为社区的对话过程，由对话得到共识，由共识促成行动。但是，ZL社区在解决社区美食街问题时碰到了集体行动的困境，换而言之，ZL社区找不到能够持续提供美食街治理这种公共产品的人。在ZL社区的美食街治理行动中，大家都意识到需要行动，但是又无法行动。佟书记及其团队采用了多种方法来解决美食街的负外部性，先是采用包办性解决方式，却无法解决持续性问题。而社区志愿群体也不愿独自承担社区商户和住户所产生的"溢出效应"的成本，美食街问题主体——社区商户和住户一直处在难以自组织行动起来的困境。在原先的治理模式下，在治理行动本身与其无关的情况下，商户和住户不用支付相关成本，倾向于表露自身需求，向社区志愿者等提出了种种要求。但是当佟书记要求商户和住户拆掉自己搭建的违章摊点，商户和住户为自身的需求表露需要支付一定成本的时候，其又会隐藏自身的需求，阻止治理行动的进行。那么如何打破这种局面呢？一方面，佟书记所在的专业团队运用"协商工具"——参与式治理技术推进商户和住户群体进行沟通对话，来降低交流成本，试图打破社区商户和住户之间的交流隔阂。通过"相识"促进"相知"和"相信"，建立社区"熟人社会"，来实现商户和住户之间的交流。另一方面，佟书记及其社工团队通过选择利益联系最紧密的少数商户代表进行协商，来降低沟通成本。通过沟通成本的降低来促进人们之间的熟悉，促成集体行动。

商住自治联盟因长时间的集体行动而产生。商住自治联盟在成立之后，通过召开大会决定开展两项定期的社团活动：一是每周开展街道大扫除活动；二是每月联合社区居民委员会开展"卫生评比"等志愿活动。商住自治联盟提供的社区产品具有三个特点。一是范围性。该社区产品的提供主要集中于社区美食街的范围之内，具有一定的范围特征。二是志愿性。该社区产品本身是因激励和动员利益相关者而产生的一种志愿性活动。三是非竞争性。该社区美食街治理行动的开展获得了干净整洁的街道，每个走在社区道路上的人都能享受到该社区产品所产生的成果，每个人对于该成果的享受都不会影响其他人对于该成果的享受。

前文重点描述了"舌尖上的ZL"商住自治联盟的孵化过程，重点放在居民上，描述居民在社工的引导下自我行动的过程。纵观整个治理过程，佟书记及其社工团队起到了重要作用，没有社工团队的介入，就没有社团的产生。下面从社区工作者角度，剖析社工团队在这个阶段行动中的治理思路。

(一)功能定位:唤醒居民自我行动

在每个治理阶段,社区工作者有其不一样的治理目标,这样的治理目标决定了社区工作者阶段性的功能定位。居民参与不是一个一蹴而就的过程,居民的行动受到自身行动能力、行动意愿等的限制,需要在不同的治理阶段得到实现。回到佟书记及其社工团队在现阶段的社区治理情境中,在佟书记及其社工团队运用治理技术孵化社团之前,ZL社区商户和住户并未具备自主议事解决自身美食街事务的能力,所以佟书记在这一阶段的主要目的是运用参与式治理技术让一部分商户和住户组织起来,掌握议事规则,了解自身需求,直到找到达成彼此之间共识的方法。这是迈向社区治理的第一步。

如表2-11所示,ZL社区此时发生的治理事件主要集中于第一阶段,整个社区治理过程在于做到四个"一":孵化一个社团组织,解决一类群体的需求,掌握一套议事方法,开展一类治理行动。这四个"一"的实现推进了自身需求回应的实现。这个时期的重点是让居民能够找到处理自身事务的方法,解决好自身事务,治理行动的重心在于解决社区内具有强联系的社区利益群体本身的事务,并不涉及社区内部的其他主体参与,属于"自益"的范围。公益积分兑换机制也是建立在约束社团内部成员行为不损害美食街这块公地的基础之上,公益积分兑换的条款都是根据美食街内部的商户和住户的行为而设定的,具有一定的范围性,激励的人群也仅限于社区美食街内部的人员。

表2-11 居民自组织阶段示例

居民自组织阶段	阶段特征
阶段一	自身需求回应阶段
阶段二	社团自我优化阶段
阶段三	回应社区需求阶段

现阶段的重点是塑造居民的行动力。在治理现代化的语境下,在国家治理层面,有些学者认为培养制度执行力是实现治理目标的重要手段。[1] 在社区微观治理层面,让居民自身能够自我行动,将自身所协商出的制度(公约和行动计划等)转化为治理现实是基层社区治理的题中之义。以佟书记为首的社区工作者在这个治理阶段,在引导美食街商户和住户制定自身规则的同时不断激发起行动力,将激发利益相关群体的行动力和公约对应起来,让集体行动的可能性达到了最大。

---

[1] 李拓.制度执行力是治理现代化的关键[J].国家行政学院学报,2014(6):91-95.

(二)身份牵引:社区需求发现者

在这个阶段,从社区工作者角度来看,其主要扮演的是需求发现者的角色。社区工作者深入分析自身的社区情境,找到社区内部最紧迫的社区问题,找到最有可能开展集体行动的一群人,最终将问题锁定于社区美食街的治理。在整个治理过程中,佟书记锁定了社区美食街商户和住户的需求——解决美食街的环境问题,并通过参与式治理技术,一步步引导社区居民聚焦于社区环境问题,开展治理行动。这个过程中,社区工作者对社区的分析和认识必须先于社区利益相关者群体——美食街的商户和住户。社区工作者在策划和引导社区治理行动之前对社区情境本身具有一定的前瞻性,了解社区治理中最容易引导居民开展行动的问题,以"先易后难"和"相关利益群体意愿强弱"为原则,对社区的治理需求进行"挑选",进而开展治理行动。

社区工作者所扮演的"需求发现者"角色必须与社区居民所扮演的"行动参与者"角色相对应。如果"需求发现"并不能得到居民的"回应",则会导致治理行动的失败。因此,在这个阶段,社区工作者引导居民发现自身需求并且开展行动,传授居民"回应"的方法,激发居民"回应"的可持续性,让居民的"回应"得以成为可能。

社区工作者与居民之间的角色关系会随着治理目标的不同而发生变化。在社区治理的初期,治理目标是组织和动员居民自我行动起来,社区工作者扮演着"需求发现者"的角色。而后期因为这一阶段居民自我行动的问题已经解决,社区治理目标发生变化,社区工作者的角色也会发生变化。

(三)社团"自转":自组织秩序的生成

社区自组织不需要外部行政指令强制,是社区成员通过面对面协商,取得共识,消除分歧,解决冲突,增加信任,合作治理社区的过程。[①] 马克思认为秩序是一种生产方式和生活方式的固化,其具有稳定性和连续性等特点。在本书中,社区自组织秩序指的是社区的利益相关者面对社区相关事务消除分歧、达成共识、开展行动的一种稳定而持续的过程。

社区自组织秩序是在长期开展居民自治活动中生成的一种稳定的行为规则。这种秩序依赖于居民自组织的载体——"舌尖上的 ZL"商住自治联盟而存在,自组织秩序只对美食街的利益相关群体起作用。从过程上讲,整个社团的孵化流程中的四个要素支持着自组织秩序的生成,四个要素分别为共识、激励、

---

① 陈伟东,李雪萍.社区自组织的要素与价值[J].江汉论坛,2004(3):114-117.

公约、资源(见图 2-4)。社区美食街的商户和住户拥有共同解决社区环境的意识是治理行动的基础,而在共识达成之后,需要激励和公约来确定治理范围、规避治理风险、保证集体行动。而资源作为行动开展的支撑而存在,没有资源的输入,公益积分管理和公益积分兑换就难以为继,行动和自组织的运转容易产生断链的风险。而在长时间的治理行动中,社团成员不断熟悉,逐渐增进对彼此的信任,最后以社团骨干的推选为标志,自组织形成。在这四个要素的推动下,自组织秩序形成并开始运转。

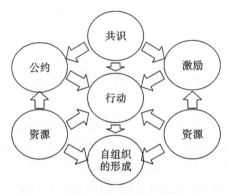

图 2-4　自组织过程性要素示意图

"舌尖上的 ZL"商住自治联盟的自组织秩序可以简单总结为"自转"两个字。"自"代表其本身的利益链状态,即与自身利益相关的事务;"转"则代表着其能够自己运转,处理自身自治事务。"自转"秩序本身的形成符合佟书记等社区工作者的治理预期,其对于社区的重要意义在于摆脱了原有的居民事务只能依靠社区居民委员会"他治"的运行情境,摆脱了社区居民委员会策划居民"搭便车"的状态。

社团"自转"对社区治理的影响具有两面性:一方面降低了社区居民委员会的治理成本,激发了居民的主体性,增强了居民"自我管理,自我服务"的能力;另一方面,"自转"的社团可能会出现"小团体"问题,以共同利益为纽带的一群人在聚集起来之后为维护自身的利益而与社区内其他团体或者社区居民委员会产生冲突。

三、案例评析

ZL 社区商住自治联盟的产生标志着长期以来困扰着佟书记的社区难题得以阶段性解决。在整个治理行动中,佟书记循序渐进地开展行动,从发现居民需求到引导居民需求,每一步都力图对社区居民施加影响,让社区居民自我行动起来。佟书记通过目标群体锁定法将与美食街整治联系最为紧密的商户和住户引入治理行动,并在尊重商户和住户意愿的基础之上创意治理行动,讨论制定了治理行动的相关规范,并选出了治理行动中的积极分子作为社团骨干,巩固治理成果,将治理行动长期化。

从治理过程可以看出,专业化社区工作者发挥了极其重要的作用。佟书记在开展治理行动前期就已经评估并拟定好了整个治理流程。整个治理流程与其说是一种社工治理流程,不如说是一种社区居民改变流程,从目标群体的锁定到最终社团的成立,佟书记都在不断试图动员居民,激发其自身的自主性。在佟书记的不断努力下,社区居民"理性冷漠"的状态不复存在,人们敞开心扉,积极参与到治理行动中来。

第四节 本章小结

本章选取 ZL 社区解决美食街治理困境的自组织模式,重点论述了作为专业社工的佟书记通过培育居民自组织来整治美食街卫生问题的过程。ZL 社区面临典型的大众化困境,社区居民长期以来对社区治理行动处于"理性冷漠"的状态,社区居民之间没有建立起科学的对话机制,社区整体处于一种半封闭的状态。作为社区工作者的佟书记尝试了诸多解决方式,其曾探索运用购买服务的方式来解决美食街治理困境,但是专业社工机构的到来并没有让居民改变他们的行为方式、缓解社区的卫生状况。佟书记最终明白,美食街治理问题不是一个卫生问题,也不是一个服务问题,而是一个"改变人"的问题,是关于"人"的治理难题,任何包办式的治理行动最终都可能难以成功。于是,佟书记制定了一套科学的治理流程,开始观察与挖掘美食街利益相关最为紧密的居民的需求,通过开放空间会议技术体系,不断给社区居民赋权增能,让社区居民自我行动起来,自我策划行动方案,自我成立组织,自我拟定规则。最终社区居民得以自我行动,社区美食街困境得以有效解决。

蕴含在治理成果中更重要的是社区内部人与人之间关系的变化,ZL 社区美食街利益相关居民与社区工作者之间的关系得以缓和,美食街的商户和住户之间的关系也发生了较大的改变。人们在一次次共同参与的治理行动中加深了解,商户和住户之间开始展开互动,社会关系开始缓和,社会秩序得以重建,社区治理大众化的困境开始消解。但是治理行动并不就此止步,虽然社区居民之间的关系得以缓和,社区居民的需求得以挖掘并充分实现,但是从现阶段的社团状况来看,整体治理现状还存在两个问题。一是社区居民仅仅处于一种初步组织的状态,社团的可持续化激励机制等还未健全,这就使得社区居民面临"搭便车"的风险,这种风险会侵蚀之前的治理成果。二是社团整体的自治行动还在围绕着社区利益相关群体开展,其公益性不明显。当社区社会组织具有固定的利益相关者的时候,其本身会倾向于保障团体的利益,长此以往,社区商户和住户又会和社区工作者脱离开来,社区又会面临形成"小团体"的风险。这样以往的美食街的"外部效应"就可能会由社区商户"溢出"给住户变成社区商住自治联盟"溢出"给社区工作者。在这种治理情境下,社区治理需要在大众化得以初步实现的条件下朝专业化转向,那么究竟应该如何实现社区治理专业化?专业化社区工作者又应该如何发生作用?这些都是本书接下来要探索的重点问题。

第三章 社区治理专业化与 ZL 社区的二次治理实践

社区治理大众化需要专业社工予以支持,社区治理大众化更需要向专业化进行支撑。在居民普遍参与的基础之上,社区自组织的发展需要更加完善的组织结构。同时,社区也应该推动自组织的公益化进程,让社区自组织在社区治理中的活力得以释放。本章引入社区治理专业化的概念,探讨大众化基础之上的专业化转向问题,并引入 ZL 社区治理的后续案例,详细描述在专业社工佟书记介入下的 ZL 社区自组织的进一步发展变化,并探讨社区工作者在整体治理流程中的作用和特殊意义。

第一节 社区治理专业化:推动社区治理活力释放的新视角

一、基础与方向:社区治理大众化与专业化

20 世纪四五十年代,专业化理论在学界兴起。专业化的概念较早起源于经济学中,其对应的英语词汇为"professionalization",学界有时也将其翻译为职业化、专门化等。就"专业化"的概念来讲,不同的学者提出了不同的看法。托夫勒在《第三次浪潮》中认为专业化是第二次浪潮的一个重要原则,其起源于劳动分工,以"只埋头攻一门业务的专家与工人"替代了安逸自在的"多面手"农民。托夫勒从工业的专业化趋势,分析了专业化与分工的关系,认为专业化来源于对工业化生产的精益求精。这里托夫勒把专业化描述成是产销分离的正常现象,同时他也描述了专业化与职业化的"同生"关系,认为"某些分工垄断了秘传知识,并把'生手'拒之门外,专门的职业出现了"。其描述专业化的基本假设是工业化生产中的分工细化与产销分离,认为专业化是工业化生产中的分工所产生的一种精益求精且具有专项知识和排他性的进程。《经济学大辞典》将专业化定义为,在分工的基础上,把产品制造和工艺加工等生产从原来的企业或部门中分离出来的过程。[①] 有的学者认为专业化意味着将生产活动集中在较

---

① 梁小民,睢国余,刘伟,等.经济学大辞典[M].北京:团结出版社,1994.

少的不同职能的操作上,其来源是从其他生产活动中单列或是剥离出来的。①基于不同的社会环境,学者们对于专业化产生了不同的表达。但是经过仔细对比不难发现,强调"从事专门性工作,具有独特的知识背景,与普通生产行为相分离"是以上专业化概念的本质。

  作为理论工具的专业化,在教育学、经济学、政治学等学科中得以广泛应用,但是每个学科运用专业化进行研究的方向各有侧重点。经济学中的专业化理论较早由亚当·斯密在《国富论》中提出,其认为劳动分工使得生产活动更加专业化,使国家变得富有。而在制度经济学中,专业化更是与交易费用和社会分工联系在一起。科斯等认为,企业和市场之间存在替代关系,企业的边界存在于进行专业分工所带来的劳动生产率提高与分工导致的交易费用上升两力相抵的均衡之处。乔治·斯蒂格勒认为,分工和专业化的发展与市场竞争程度成反向关系,专业化的生产和经营会导致企业所面临的市场容量的缩小。随着生产效率的提高,劳动者能够负担得起一定的交易费用,于是人们开始选择提高专业化水平,而专业化水平的提升又加速了物质产品的积累和技能的改进,使生产效率进一步提升。每个经济主体在权衡专业化所带来的报酬和交易费用之后,认为可行,又会进一步提高专业化水平,也是这种动态机制使得社会分工自发演进。由上可知,经济学中的专业化都是围绕着生产来讨论的,专业化的目标是不断提升企业或者社会的生产效率。专业化意味着更低的成本和更大的利润空间,这也与经济学所追求的经济效能相对应。政治学领域中的学者倾向于把专业化和权力相联系进行讨论②,认为职业官僚的形成必定伴随着"专业知识""专业规章""专业培训",只有"证明培训成绩合格"才能正常履行专业化的工作。专业化是生产效率提升后的分工活动的客观产物,同时也意味着支配性的知识、更加独占化的身份和完整的官僚队伍。这些要求往往形成一种权力网,如支配性的知识象征着一种排外的权力,将"不懂得技术"的"生手"排除在外,这也同样造就了其身份的"无可替代"及队伍的"独立"和"整齐划一"。国内学者对专业化也颇有研究,有的学者将专业化的概念引入教育学,对教师的专业化进行剖析,认为专业化的教师意味着"专业知识"和"原理技术的熟练度"及其"对教学情境的反思与创造"。③ 有的学者将"专业化"一词运用于对我国法官队伍建设的讨论,认为专业化的法官意味着"严格的系统性的法律训练",并

---

① 盛洪.分工与交易——一个一般理论及其对中国非专业化问题的应用分析[M].上海:上海三联书店,1994.
② 韦伯.经济行动与社会团体[M].康乐,简惠美,译.桂林:广西师范大学出版社,2004.
③ 钟启泉.教师"专业化":理念、制度、课题[J].教育研究,2001(12):12-16.

且达到国家认可的业务素质标准。① 其认为司法独立催生了法官的专业化,强化了法律的"专门性"与"技术性",并使之与道德等非法律因素日益分离。

从上述学者的观点可以看出,"专业化"是随着某种行业或者产业的生产力和效率的提升而产生的,是从原有的庞杂的体系中分离出具有专有的排他性的知识体系和人员队伍的一种过程。从过程上来讲,专业化意味着独立和升级。从专业化的内在构造来讲,专业化意味着更加丰富细化的理论与技术系统及更加熟练的操作人员。从结果上讲,效益的提升是检验专业化的重要指标。

从理念和方法上看,我国的社区治理现在已经处于大众化的治理转型阶段。新中国成立之后,多年以来,中国基层社区基本处于建设阶段。这里的建设大部分集中于社区的硬件,其基本思路是完善基层的管理体制和基础设施,强化中央对基层社会的管理。尤其是在单位制解体之后,单位对于个体的管理职责让渡给了社区和相关部门,基层社会急需一种替代性管理机制,我国的社区建设阶段应运而生。中国基层社会通过一个又一个社区居民委员会落实着基层社会的管理课题。有必要强调的是,我国的社区建设有一个特点,即整个社区建设都是在政府牵头之下开始的,这种条件下的社区建设具有强烈的行政主义色彩。从使用的行政资源到行政方法,其具有的命令与执行本身整齐划一、强制进行等特点在社区建设阶段无疑发挥了良好的基础性作用。随着多元化的社区治理时代的到来,旧有的"一刀切"式的话语体系和行政化的管理方式明显不再适应社区的情形,多元化的社会意味着大众化的治理,意味着更加社会化的治理目标及更加专业化的社会工作技巧和方法。

大众化治理目标需要专业化力量来实现。在之前的社区建设过程中,社区在硬件上经历了从无到有的过程,但是社区治理需要的不仅仅是硬件层面的建设。社区治理离不开政府,更离不开社区居民,社区治理的良性开展离不开全体居民的参与。社区治理的本质其实就是社区内部的相关主体通过平等协商的方式解决社区内部事务的过程。从这个意义上讲,社区治理本身就对多主体合作治理产生了要求。大众化参与是治理产生意义的前提,但是参与的程度又依赖于相应的制度规则和技术,专业化的理念和方法也应运而生。专业化的原意是从事专门性的工作,专业化是针对新问题而产生的。比如治理活动的开展,需要多渠道的资源的获取能力,需要更加完善的协商结构,需要对多方协商主体的培育,这些都是治理阶段涌现出的新课题。

社区治理中的专业化困境突出体现为居民自组织难以存续。首先,社区内部的居民自组织在成立之后必须懂得如何连接社区内部的各项潜在资源。自

---

① 谭兵,王志胜.论法官现代化:专业化、职业化和同质化——兼谈中国法官队伍的现代化问题[J].中国法学,2011(3):132-143.

我连接资源能力的强弱象征着自组织自我"造血"的水平。如果社会组织单单依靠政府资源的输入而不擅长连接社区的在地性资源，那么这种组织在社区是无法长期存在的。其次，秩序和规则在多主体合作治理中非常重要，没有良好的秩序和规则，治理行动将难以进行下去，参与的深度和广度就会受到限制。以笔者调研的ZL社区美食街的治理实践为例，如果商户和住户不遵循一定的规则，在一定的对话框架内进行讨论，协商几乎是无法进行下去的，后续的治理流程也就无法开展。最后，要想实现专业化的治理目标，社区内部的自组织结构和运转方式必须得以完善。当前我国部分社区的自组织呈现组织架构松散的情况，自组织内部草根骨干之间并未形成良好的协商机制，产生了诸如"问题骨干"的状况。所谓"问题骨干"，指的是被选出的草根社团骨干中的部分骨干在自组织运行过程中不尊重集体议事规则，大搞"一言堂"，或者出现相互推诿、拒不履行骨干责任的情形。一些社区自组织随着"问题骨干"的出现最后甚至成了"空壳"，徒有组织架构和运行规章，从来不开展活动。这些怪现象都是社会组织架构不完善造成的，需要在专业化的治理过程中得以完善。

二、社区治理大众化朝专业化转向的核心

如何实现社区治理专业化？本书将社区治理专业化定义为，在社区场域内，治理主体以社区的在地性资源为基础，通过专业化的技术方法，推动利益相关主体充分进行平等协商，实现社区公共事务处理效益提升的过程。社区治理专业化有三个着力点，即专业管理、专业服务、专业自治。其中专业自治指在社区的行政性事务、自治性事务和社区服务中普遍使用专业方法，通过专业介入，实现社区管理的规范化、社区服务的高效化、居民自治的常态化。[①] 本书所讨论的专业化只涉及居民自治和社区公共事务治理。从这个角度来讲，社区治理面临居民自治常态化的目标，而居民自治常态化依赖政府、社会和居民之间良好的互动关系，依赖治理过程中的资源共享、组织协调、有效沟通、伙伴关系等。要实现良好的互动关系，需要具备以下两个条件。

1. 具有公共性的非正式规则

非正式规则属于制度的一种。制度由正式的法规和非正式的约束组成。[②] 在社区治理中，非正式规则具有非常强大的规劝和改变作用，其突出表现为依靠被制约人的内在自觉或者同处非正式规则下的人的奖励或者谴责、惩罚带来

[①] 陈伟东,吴恒同.论城市社区治理的专业化道路[J].华中师范大学学报(人文社会科学版),2015,54(5):21-28.

[②] 张全忠,吕元礼.非正式规则的涵义、特征及作用[J].社会科学家,2003(3):57-60.

的压力。总体来讲,非正式规则是一种"软"的规范,而不是一种强制性规范,人的理性的有限性无法决定社区治理中的所有细节[①],而游离于正式规则之外的一些非正式规则共同参与和增益这个过程。其中,具有公共性的非正式规则十分重要,这些规则会营造社区的治理环境。具有公共性的非正式规则指的是可以促使个体从个人空间走向社区的公共空间,通过各种形式增进社区集体利益,提升社区向心力的规则。具有公共性的非正式规则是社区居民生成集体行动的重要依靠,可以有效抵御现代性中的个体化侵蚀。

具有公共性的非正式规则突出表现为"守望相助""人人为我,我为人人"等公益规则。在传统社区向现代化社区转型的阶段,封闭、固定的社会走向流动和开放,个人对单位的依附变弱,加上市场化的冲击,人们的归属感受到现实的挑战。随着这种归属感一同降低的是人们对于公共事业的责任感,现代性因子中的地域特色和居民之间异质属性的增强让公共精神弱化,人际关系也倾向于功利化,基层社会里的人际关系变得相对淡漠。从目前的现实来看,基层社会人的公共性生成如果要依靠社会的自然生发必定是一条困难的道路,需要通过一些专业化的社会工作技巧和技术来重新营造这些非正式规则,让居民的公共性和归属感得以重塑。要充分发挥非正式规则的潜移默化的影响作用,激活守望相助之类的非正式规则对于正式规则诸如法律的补充作用,各类社区治理方略才能得以有效实施。

具有公共性的非正式规则可以激发个体的活力。个体化带来了个人的权利意识,但是在面对社区公共事务时过于强调个体权利会带来个体的依附性和保守性,"自有人来管何必我自己来做"容易成为共识,"搭便车"的现象也会随即出现。在这个时候需要具有公共性的非正式规则的输入来提升个人道德感,对个体进行改造,激发个体的主体性。由ZL社区的实践可以发现,在整个美食街治理过程中,佟书记一直在试图营造一种人人参与、人人自治的环境,以利益相关群体的个人利益为出发点,提升个体的行动能力,在治理行动中让个人的行动力得以释放,让相关群体在治理行动中相知相信。在此过程中,个体性与公共性得以生成和规范。

2. 健全的社区自组织

社区自组织通常指的是由社区居民自发组成的社区社会组织。《民政部关于大力培育发展社区社会组织的意见》中对社区社会组织进行了定义:社区社会组织是由社区居民发起成立,在城乡社区开展为民服务、公益慈善、邻里互

---

① 陶建钟.转型社会的秩序变迁与制度变迁——从非正式规则的视角[J].江汉学术,2014,33(3):124-128.

助、文体娱乐和农村生产技术服务等活动的社会组织。陈伟东等认为,社区自组织是指不需要外部具体行政指令的强制,社区成员通过面对面协商,取得共识,消除分歧,解决冲突,增进信任,合作治理社区公共事务的过程。① 李雪萍等发现社区社会组织在互动的过程中有利于打造和谐的社区公共空间。郑中玉认为,社区自组织通过运行开展活动创造了一种延续性的集体记忆,通过社区集体记忆的创造黏合和重塑了某种新的社区精神。②

健全的社区自组织意味着良好的资源整合能力和完善的自组织结构。社区自组织拥有的资源越丰富,社区自组织的发展就有更为坚实的保障。③ 但是我国大部分地区的社区自组织发展缓慢,很多社区自组织并不具备汲取社区资源的能力。布林克霍夫通过研究政府与社区社会组织的关系发现,唯有拥有自主意识、明确自我诉求的自治主体间方能建立合作关系,如果削弱主体的自治性,则必然慢慢演变为吞并关系。社区自组织的自治性与其资源整合能力息息相关,没有自主吸收资源的能力,自组织能力自然会下降,独立性更难以保持。资源是支持自组织得以健康运行的重要基础。比如社区内部的人力资源和物力资源,一方面保证了社区自组织活动开展的人员,另一方面支撑起了社区自组织活动的物质基础。没有资源整合能力的社区自组织是无法持续存在的。除了资源整合能力之外,社区自组织的结构完整显得非常重要,社区自组织通过自身的成员活动向社区提供某些公共产品,完善的组织结构可以让社区自组织顺利运行,这些公共产品的产生得以延续。自组织是指一个系统不需外界特定指令而自发或自主地从无序走向有序,形成结构性系统的过程。④ 社区自组织结构健全的重点在于其完好的协商机制,包括骨干的选出、新成员的吸纳和激励机制的制定。只有在完善的自组织结构中,社区自组织的向心力才能形成,结构主义视角下的集体行动才可能产生。

社区自组织的发育是社区治理的新重点。从社区面临的事务来看,我们可以把社区事务分为行政事务和专业事务、社区组织事务和邻里事务。⑤ 社区内部应大力发展社区自组织,只有完善的社区自组织才能避免社区的横向网络被纵向网络吞噬。社区纵向组织的扩展会影响社区成员之间的合作机制,滋生投机和"搭便车"等行为,让社区居民之间良好的互惠合作机制难以形成,破坏社区内部成员的基本的人际关系互动。只有打造充分发育的社区自组织才能让

---

① 陈伟东,李雪萍.社区自组织的要素与价值[J].江汉论坛,2004(3):114-117.
② 郑中玉.社区生产的行动与认知机制:一个自组织的视角[J].新视野,2019(5):64-71.
③ 杨贵华.社区共同体的资源整合及其能力建设——社区自组织能力建设路径研究[J].社会科学,2010(1):78-84,189.
④⑤ 陈伟东.邻里网络:自组织的社会结构——解读城市社区自治的一种分析框架[J].湖湘论坛,2010,23(2):28-33.

基层社区充满活力。应该让基层个体的沟通成为社区天然的价值选择,着力消除公共性缺失对社区居民个体造成的影响,让居民的个体失范在不断的自组织发育中得以同步扭转。

总体来看,专业化的内核其实是让社区内部的发展更加符合人与人之间的自然互动模式。现代化的到来让社会关系变得越来越零散,个人身上的社会支持系统也受到冲击。而在专业化的话语下,具有公共性的非正式规则和充分生长的社区自组织是使社区内部互动得以持续的重要机制,是实现基层社会大众化治理的必由之路。

第二节 二次治理:ZL 社区的新治理难题及其解决过程

社区美食街环境问题解决之后,社区治理过程却没有因此止步。在佟书记所在的社区,她又遇到了草根社团的管理和发展难题。佟书记通过对草根社团进行专业化的公益机制导向,并通过公益积分管理技术、资源连接技术等提升了社区自组织的资源整合能力,实现了 ZL 社区整体的二次治理,让社区居民围绕社区自组织"转"、社区自组织围绕社区公益"转",增强了社区居民的自治能力,重塑了基层社区的公共性。

一、再组织化:ZL 社区社团联合会

在"舌尖上的 ZL"商住自治联盟成立之后,佟书记顺利地通过了年底考核。看着干净整洁的美食街,佟书记十分开心。但是不久之后,一件耐人寻味的事情引起了佟书记的注意,最终使其萌生了孵化社团联合会的想法。

除了"舌尖上的 ZL"商住自治联盟,ZL 社区还有 5 个社区草根社团,分别为社区文体协会、社区老年舞蹈协会、社区周末大讲堂、社区象棋爱好者协会、社区残疾人协会。这 5 个社团在社区内部长期开展活动,每个社团都锁定了社区内部属于自己的活动空间,本来一直相安无事。但是自从区里开始老城区改造以来,很多社区的空地被征用,活动场地成了每个社团举行日常活动的难题。ZL 社区有一个位于社区居民委员会办公场所二楼的多功能活动室,多功能活动室占地约 110 平方米。一直以来,只有社区周末大讲堂和社区象棋爱好者协会轮流租借使用。但是自从区里开始老城区改造以来,其他 3 个社团因为被占用了活动场地,也开始打起多功能活动室的"主意"。于是场地的分配就成了大问题,经常可以看到草根社团的成员们在社区居民委员会产生争执。

佟书记经过长时间的观察,决定用专业社会工作方法解决社区社团之间的

矛盾。重点以多功能活动室为依托,整合社区的社团资源。

(一)功能定位:解决社团乱序难题

解决问题的前提是认识问题。社团场地的争执可以归类于社区公地治理。公地治理是社区治理中的一个"老生常谈"的话题,长久以来,众多学者都为公地问题的解决提出了自己的方案,倾注了自己的研究心血。社区公地是指居民家庭界限以外,居住小区边界以内,带有公共属性的环境、空间、场地和设施等。[1] 这里讨论的多功能活动室就是社区公地的一部分。社区公地治理在佟书记所处的社区具有别样的意义。ZL社区的多功能活动室的治理和几个社团联系在一起,在对社区公地进行治理的同时要达到对社团的调解效果,这样才能真正解决社团乱序难题。

社团是社区的一群志同道合的居民组成的团体。社区居民除了是具有思想和行为的个人的同时,也是蕴含丰富资源的个人。佟书记运用从社区公益创投实务能力培训中所学到的资源视角,将社区社团视为能够给社区提供资源的群体,社区公地对于ZL社区的5个社团来讲就是一种具有杠杆效应的媒介。社区居民委员会看起来是处在"风口浪尖",但是也可以转换视角,把社区公地——多功能活动室作为杠杆,撬动社区社团的资源来达到某种治理目的。依照以上逻辑,佟书记运用开放空间会议技术,在社区居民大会上收集社区居民的需求,并与社区需求进行整合,形成社区需求清单,通过积分管理与兑换机制,调整5个社团使用多功能活动室的时间,设计了社团整合流程(见图3-1)。

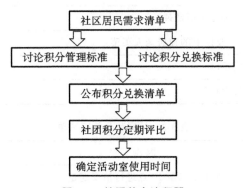

图 3-1 社团整合流程图

整个流程由以下步骤构成。第一步是收集社区内部的居民需求,以居民需求为社区服务的导向,引导社团开展志愿服务。第二步是讨论积分管理标准与

---

[1] 舒晓虎.社区公地及其治理[J].社会主义研究,2017(1):112-119.

兑换标准,将居民需求充分"积分化",变成可以开展的活动。第三步是公布积分兑换清单。第四步是社团积分定期评比。第五步是确定多功能活动室使用时间。例如,居民提出社区没有安全保卫人员,需要社区组织志愿巡逻队,即可根据"志愿巡逻"这个需求来讨论相应的巡逻时长和所对应的积分,并根据积分来讨论可以兑换的物品,然后进行定期评比。按积分从高到低排出先后顺序,由每个社团自由选择多功能活动室的使用时间。

佟书记设计的这套流程具有非常好的整合效果,不但挖掘出社区居民的需求,而且找到了满足需求的志愿者团队,解决了多功能活动室使用问题。

佟书记按照流程开始治理行动。首先,她在当月召开的居民大会上收集了社区居民的需求,根据社区需要,经过梳理和分类综合得出社区需求清单(见表3-1),并根据社区需求清单制定了社区积分管理清单(见表3-2)和社区积分兑换清单(见表3-3)。其次,佟书记宣布,社区志愿行动面对所有人开放,欢迎以社区居民或社团为单位参与社区志愿行动。社区每个季度会对社团和志愿者的积分进行统计,社团成员的分数累计成为社团的总分,社团每个季度按照积分的排序来进行场地挑选,同时社区居民和社团可每个季度进行物品兑换。最后,佟书记宣布,当月的多功能活动室的使用安排由社团抓阄进行决定,新的规定从下个月开始执行。

表3-1 社区需求清单

序号	内容
1	晚上8点至10点进行治安巡逻
2	对社区宣传栏进行定期清理
3	帮助社区65岁及以上的独居老人买菜
4	调解社区邻里矛盾
5	帮助社区进行大扫除

表3-2 社区积分管理清单

序号	内容	积分
1	晚上8点至10点进行治安巡逻	5积分/(次·小时)
2	对社区宣传栏进行定期清理	5积分/)次·小时)
3	帮助社区65岁及以上的独居老人买菜	1积分/次
4	调解社区邻里矛盾	1积分/次
5	帮助社区进行大扫除	5积分/(次·小时)

表 3-3 社区积分兑换清单

序号	内容	单位	兑换分数
1	2 千克绿伞袋装洗衣液	包	20
2	120 克云南白药牙膏	支	10
3	六神香皂	件	10
4	满堂红毛巾	条	10
5	佳洁士牙刷	支	20

"公地悲剧"产生的重要原因之一是缺乏相应的社会规范进行限制，在居民个人或相关的利益群体处于给予个人理性的非合作博弈的情境下，必将导致居民活动的失序和社区各类群体之间的冲突。多功能活动室本身作为一种非排他性的公地，具有悲剧发生的背景，每个社区的草根团体都具有使用多功能活动室的机会，ZL 社区内部因为旧城区改造导致社区活动场地锐减又加剧了这种状况。佟书记及其社工团队引入积分管理与兑换机制来解决多功能活动室使用问题，根据每个草根社团对于社区需求的回应程度，赋予其相应的挑选多功能活动室使用时间的权利，这种权利的背后是一种规则的制定。这种规则本身在赋予 ZL 社区草根社团使用时间的同时，也赋予了社团使用多功能活动室的合法性，让社团活动得以有效运转。

社区出于公益的透明赋权模式不但增强了社区草根社团的向心力，也营造了良好的社区参与氛围。一方面，积分管理与兑换机制的引进加强了社区草根社团的向心力。社区的发展目标之一就是营造和谐的社区环境。笔者经过观察发现，使用多功能活动室的社区草根社团具有"兴趣类"社团的特点，有别于传统的社区志愿者社团。"兴趣类"社团活动围绕着其群体爱好本身来运转，服务于社团成员的利益需求。在佟书记的引导下，以积分管理与兑换机制为杠杆，社区几个"兴趣类"社团纷纷将社团活动的短期目标转变成公益行动。如何获取更多的公益积分、开展更多的公益行动成为几个草根社团面临的问题，在此过程中，佟书记运用这套技术让社区社团的注意力集中到社区的公益活动上来，改善了社区的人文环境。另一方面，这种治理模式推进了社区居民的参与。我国城市社区治理一直离不开促进居民参与的价值导向，参与是治理的基石，无参与则无治理。佟书记运用多功能活动室这一社区资源打破社区参与的僵局，将游离于社区参与之外的社团和居民联系起来，为社区问题的解决提供了可能。通过社区这个中介平台，将社区团体需求与社区居民个人需求联系了起来,撬动社区爱好者群体参与社区事务,营造了良好的社区参与氛围,提升了社区参与增量。

(二) 身份牵引:社区秩序缔造者

每种社区治理行动都伴随着一定的治理目的,社区工作者作为社区治理的"排头兵",在各种治理行动中扮演着不同的角色。在 ZL 社区公地治理的情境中,佟书记扮演着社区秩序缔造者的角色,她需要运用对多功能活动室的合理安排来实现社区几类爱好者社团的协调,实现对集体行动规则的缔造,其目的是营造良好的社区秩序。

应当营造什么样的社区秩序?社区工作者应以社区的"公益"为轴心,推进居民形成"相识""相知""相助"的社区秩序。社区工作者长期深耕在社区,如果面临的是社区居民原子化的状况,则首要目标是从社区居民的需求入手,推进居民的组织化,并运用相关的社会治理技术吸引居民参与。但在面对完成组织化的居民团体时,其首要目标则变为要以公益的价值观作为引领,让社区草根社团的向心力集中于社区这个"大集体",让社区草根社团能够服务于公益,打破社区草根社团"自己围着自己转"的怪圈。多数社区草根社团的成立和发起具有其本来的利益轴心,当社区利益群体的利益中心点多样且无序时,整个社区公地就会变成人与人之间竞争的场所,人们会从各自的利益出发争夺社区资源,最终阻碍社区治理的进行。因此,这个时候重建社区秩序就显得尤为重要。

从实现方式来讲,社区公益秩序的缔造并不是社区工作者自己提出的过程,而是社区工作者引导实现的过程。社区工作者也不会直接指定社区草根社团成员直接进行某项社区公益活动,因为这种指定并不符合社区治理的深层含义。社区治理要实现需求与意愿的合理对接,需求者和公益服务提供者的意愿要真实可靠、互相对应,这样才能将自组织社团的行动力放到最大。所以佟书记采用的方法是直接将居民的需求表达与社团认领对应起来,并让每个草根社团自由选择社区的公益行动,尊重居民的选择行为,因为"人们总是倾向于对自己的选择行为负责",这也为后期社区秩序的缔造打下了基础。

(三) 社团整合:社团联合会的产生

在佟书记进行社团公益行为发动之后,社区内部的志愿服务如火如荼地开展起来。志愿服务不但解决了社区内部的居民需求,也让兴趣类组织找到了社区归属感。最后佟书记邀请 5 家社区自组织共聚一堂,围绕着多功能活动室的使用,成立了 ZL 社区社团联合会,社团联合会共设 5 名理事长,每个社团推举一名骨干作为社团的代表来担任理事长,5 个社团的积分管理与兑换情况由社团联合会进行监督,并定期由社团联合会进行公布。

社团联合会的产生标志着志愿服务循环圈的正式形成,开始了其独立运转之路。社区组织的独立运行能力直接影响着社区治理水平。ZL社区商住自治联盟根据居民和联盟内团队的签名状况,分别成立了社区公益小分队,比如社区巡逻小分队、社区清理小分队、社区调解小分队、社区助老助残小分队,4个小分队统一于社区社团联合会之内。小分队有两大功能:一是可以独立向社区招募队员开展公益行动;二是对公益行动的积分进行记录,将4个小分队的积分报给社团联合会进行监督与通过,将社区居民委员会作为积分兑换点。ZL社区的公益行动开始后,社区居民互动频率大幅增加。

社团联合会的公益属性通过社区公益小分队来实现。小分队的出现也改变了原有的社区治理格局,治理主体从无到有,从单一功能的社区组织变成各类不同的社区微型组织。小分队根据社区的阶段性需求不断做出调整,促进了社区内部的居民参与,增强了居民的行动力。

二、公益化:"善益楼"志愿者联合会

佟书记发现社团联合会的运转面临两大问题:一是社区居民委员会的资源有限,社团的积分兑换活动难以长期开展;二是社区内部的诸多企事业单位及在地性资源得不到充分开发。从这两点出发,佟书记决定打造一个社区组织来进行社区资源整合,并将现在的社区公益之风普及社区的每一个角落。

(一)功能定位:推进公益可持续

现阶段ZL社区公益活动的短板在于兑换资源匮乏。在之前的活动中,社区的兑换资源都是由社区居民委员会提供,在活动中出现了兑换物品缺乏和兑换基本集中于物品的情况,这也导致社团志愿活动中吸引的普通居民较少,整个志愿活动的开展基本以内部"兴趣类"社团成员为主。社区社团迫于场地因素参与志愿服务,志愿服务被动式参与情况严重,难以吸引社区的普通居民。

推进公益活动的可持续进行,必须从参与志愿服务的"人"和"物"两个方面着手。佟书记及其社工团队运用上文所述的"金点子"方法,锁定了两个解决社区兑换资源匮乏的思路。一是充分连接社区在地人力资源,充分调动社区内部的企事业单位和社区商户的参与,扩展志愿服务的覆盖人群。二是扩展积分的实用性,推进积分在社区内部的持续流动,推动积分和美食街资源相衔接,提升积分的吸引力。

(二) 身份牵引:公益红利推动者

霍尔巴赫认为,利益是人类行动的动力。要推动社区各类主体参与到社区公益服务中来,就要让所有参与者的收益得到一定程度的保证,互惠互利才是长久之道。不能仅仅给予精神上的嘉奖,更要让参与行动的社区各类主体获得相应的收益,这样才能激发社区各类主体的参与热情,达到良好的治理效果。回到 ZL 社区的治理实际,在前期的社区积分兑换中,佟书记侧重于公益规制的建立和积分公益化方向的引领。但是回到积分兑换机制本身,要加强积分兑换机制对各类群体的吸引力。

"红利"一词来源于企业管理,其代表着企业在生产中分给股东超过股息部分的收益。"红利"一词被广泛运用于人口学研究中。有的学者把劳动年龄人口占总人口比重较高而导致的经济增长率的提高称为人口红利。总体来讲,红利具有收益的特点。从 ZL 社区治理的角度进行讨论,公益红利意味着社区工作者开展某种公益活动以实现参与者的收益的增加。从社区居民个体参与的角度来讲,社区个人参与社区公益活动,收获的是行动所带来的获得感及个人期望得到的兑换物品。从社区商户的角度进行分析,商户期待的红利在于其经营收入的提升。从社区内部各类企事业单位的角度来讲,社区内部的企事业单位更加在意"共驻共建"等任务和单位形象方面的收益。而作为社区,其红利在于上述三方红利实现的过程中所带来的社区和谐环境的塑造和社会资本增量的提升,社区红利的实现融合于三方红利的实现过程之中。在 ZL 社区的治理情境中,佟书记从三方所期待获得的红利入手,试图寻找实现三方红利的有效杠杆。最终,经过分析,在 ZL 社区的治理情境中,这种红利需要通过社区积分兑换机制来实现。积分本身具有三种属性。一是公益性。积分代表着某种价值取向,积分可以兑换的物品和积分的计量规则突出了这一点。积分兑换,彰显了社区志愿服务的公益性。二是实用性。积分的实用性指的是积分可以让参与个体获得他们想要的东西,与积分者的需求相符。积分要对各个群体有吸引力,就必须彰显积分的实用性。积分与参与主体的利益相联系,产生红利并激发其参与活力。三是流动性。积分的流动性意味着积分兑换机制的覆盖面和兑换率。积分的流动性越强,参与积分兑换的覆盖面越广,参与积分的主体越丰富,参与兑换的次数越多,居民参与的频率也就越高。实现三方红利需要从积分的实用性与流动性入手,推动社区红利的实现。

(三) 社团"公转":社区公益生产链

佟书记以实现积分的实用性和流动性为出发点,进一步开展社区治理行动。社区积分的实用性和流动性的实现需要社区资源作为支撑,佟书记决定以众筹为切入点来解决社区问题。众筹是指向群众募资以支持发起者的行为。众筹的雏形可追溯至18世纪的订购,某些商户曾使用这种方式募集资金。订购者向商户提供资金,当产品完成时,订购者将得到一些由募集者提供的产品。社区治理技术场域中的众筹技术,带有较强的公益元素,指的是针对某个公益目标,被募集者向募集方提供自身的人力或物力资源以支持公益目标实现的过程。社区治理中的众筹活动的公益性也体现在其具体思路上。公益众筹秉承着三个具体思路,分别是"从闲做起""从能做起""从长做起"。从参与者的空余时间和闲置物品开展众筹,从参与者力所能及的事情开展众筹,从参与者的特长开展众筹。

　　佟书记联合社区社团联合会及"舌尖上的ZL"商住自治联盟召开开放空间会议,商议和宣传众筹活动。会上,佟书记讲解了其习得的众筹流程,并通过与在场居民讨论,制定了扩展兑换金池的众筹目标。社工团队把众筹流程分为五个步骤。一是收集众筹"金点子"。佟书记引导在会居民秉持众筹公益金的目标,根据"从闲做起""从能做起""从长做起"的理念,发挥各自的想象。通过最终投票,选出了6个众筹主题,并通过签名法找出了6个众筹活动团队。二是创意众筹计划。佟书记引导在场的居民根据选择的众筹"金点子"组成小组,每个小组开始策划自身的众筹方案。众筹方案围绕着"为什么筹""向谁筹""如何筹""如何实现收支平衡"等展开。三是讨论众筹公约。每个小组对各自开展的众筹活动进行风险评估,并制定行为公约,以保证众筹活动的顺利开展。四是讨论劳动积分。佟书记引导各组成员对众筹过程中所产生的劳动计算积分,并制定了完善的积分兑换方案,最后经小组打分通过。五是宣传行动方案。佟书记引导各个行动团队制作了行动海报,并在社区的居民大会和社区单位联席会上进行了宣传,社区内部的行动团队自由决定众筹活动开展的时间。

1. 美食节众筹活动

　　因为参与人数众多且易于开展,率先开展了美食节众筹活动和图书众筹活动。佟书记在居民大会上宣布了美食节召开的消息,就社区即将举办的美食节众筹活动对社区内的企事业单位进行了动员,线上线下27家单位认筹了这次美食节活动,并认领了相关节目。

　　美食节众筹活动主要由文艺表演、商户展览和美食品鉴三大流程组成。在美食节当天,首先进行"庆端午"文艺演出,文艺演出节目由各个驻社区单位和社区草根社团提供。其次在文艺演出完毕后进行商户展览和美食品鉴。商户可以向社区认领展位对自身的产品进行宣传。商户展览在社区广场进行,对展位实行拍卖制度,由社团联合会进行标价,再由商家认领购买。社区在商户展位的旁边设置相应的美食品鉴席,社区美食街的商家提供各自的特色菜品给参加众筹活动的居民免费品尝。参与者购买美食品鉴券进入品鉴区。美食节众筹活动筹款的来源主要集中于三个方面:一是展位的认领购买;二是美食品鉴会的门票收入;三是参与活动居民的志愿捐献。本次活动的成本主要集中于场地、展览材料和宣传海报等方面,其中菜品及对应的碗筷餐碟等由商户志愿提供,具体支出和收入如表3-4所示。美食节众筹活动的所有收入都会进入社区的公益金池并作为志愿备用金以支持社区内的公益行动。

表 3-4 美食节众筹活动预算表

支出	收入
碗筷餐碟 300 元	"舌尖上的 ZL"商住自治联盟捐助 300 元
100 道菜品共计 7500 元	辖区 9 家单位赞助金,共计 5800 元
活动背景布 800 元	王老吉赞助凉茶 400 瓶共计 1340 元
易拉宝 10 个共计 800 元	居民入场券 150 张共计 1500 元
海报 30 张共计 600 元	商家入场券 200 张共计 2000 元
凉茶 400 瓶共计 1340 元	居民志愿捐助 200 元
入场券印制 500 张共计 750 元	商家志愿提供菜品 100 道共计 7500 元
合计 12090 元	合计 18640 元

美食节众筹活动给 ZL 社区治理注入了新的活力,以特色美食助力公益的理念在活动中被宣传,活动背后的公益理念深入人心。在美食节众筹活动结束之后,社区的志愿者报名人数在短期内增加了数十人,社区内企事业单位纷纷"慷慨解囊",社区公益金池资源日益丰富。

美食节众筹活动是在社区工作者引导下由社区居民自发进行的公益活动,具有明显的自治色彩。在活动中,社区工作者以一套先进的社区治理技术引导社区居民分析自身优势,根据自身特色,贡献出自身资源,策划具体活动。整个活动中,社区工作者秉承着"互惠互利,资源共享"的原则,社团联合会和"舌尖上的 ZL"商住自治联盟将社区内部的企事业单位和社区美食商户引入社区活动,美食商户在活动中得以宣传自身的菜品,提升了商铺的业务量;企事业单位也获得了宣传效应,同时也满足了"共驻共建"的要求。

2. 图书众筹活动

在美食节众筹活动结束之后,社团联合会和"舌尖上的 ZL"商住自治联盟接着开展图书众筹活动。整个社区众筹项目流程可分为三大步骤,主要包括"找书""收集""循环"。第一步,开始找书。由社团成员和社工组成图书众筹小分队,深入社区内部的各类单位,在社工的帮助下与各企事业单位沟通,引导各企事业单位进行图书捐献。同时张贴告示,号召全体居民将自家的旧书捐献给社区,并对捐献图书的个人和企事业单位进行积分。经过讨论,每捐一本书积一分。第二步,对收集到的图书进行分类。将破损度较高的图书放入废品回收处,将剩下的保存较为完好的图书按价值分为 5 元区图书、10 元区图书和新书区图书。将新书区图书放入图书展览馆进行收藏,将 5 元区图书和 10 元区图书面向社区进行义卖。第三步,社区定期举行义卖活动。对 5 元区图书和 10 元区图书进行义卖,将义卖收入放进社区公益金池。

随着社区各类公益活动的开展,动员居民和社区企事业单位参与变得更加容易。图书众筹活动开展以来,引起了社区内部居民和企事业单位的快速响应。为了存放众筹来的图书,来自商住自治联盟和社团联合会的社区众筹志愿者专门成立了社区文化角,连接了社区服务中心的一间办公室作为社区文化角的场地,并将图书众筹活动作为每月一次的活动确定了下来。

3. "善益楼"志愿者联合会

社区文化角的开放给社区带来了较大的人流,居民们没事都愿意来社区坐坐,每天一群群看书聊天的人也给社区增加了活力,甚至有些居民反映这是其居住在社区十几年来第一次来到社区服务中心。在社区文化角成立之后,经过开放空间会议的讨论,志愿者们决定轮流来社区文化角值班,并自发制作了值班表。

经过美食节众筹和图书众筹活动,社区的融合度显著提高,更可贵的是社区的商住自治联盟和社团联合会的成员产生了充分的互动,社团成员间的熟悉程度得到提升。在活动中,大家感受到了志愿服务带来的快乐,纷纷展现出对于社区公益活动的热情。佟书记及其社工团队见状便继续引导社区居民开展开放空间会议,试图将居民组织化,构建各类志愿活动长效机制。会上,首先,佟书记引导参与活动的居民分享了社区现在的变化和自身的变化,让与会者思考还能为社区做些什么。经过讨论,大家认为"坐着值班也只是坐着,不如做些志愿服务"。于是,志愿者在值班的同时开展纠纷、矛盾调解活动等志愿服务,并将各类众筹行动作为社团的日常活动确立下来。其次,佟书记引导参与活动的居民成立了志愿者联合会。在长期的志愿活动中,参与者之间的熟悉程度加深,几位比较积极、公益心强的居民也逐渐脱颖而出,他们的行动得到了志愿者的认可,被推为志愿者联合会的骨干。最后,佟书记引导社团成员讨论了社团名称,社团 logo 等细节。经过大家讨论,决定把社团命名为"善益楼"志愿者联合会,自此,"善益楼"志愿者联合会正式成立。"善益楼"志愿者联合会定期在社区开展志愿活动,志愿者每天在社区文化角值班和进行志愿调解,每月开展图书众筹活动和社区 65 岁及以上老年人慰问活动,每个季度在社区的居民大会上对接居民需求并调整志愿服务的范围。直到笔者结束调研之时,"善益楼"志愿者联合会已累计沟通解决社区邻里纠纷 103 次,组织众筹活动 4 次,惠及社区群众 3000 余人。

社区工作者在"善益楼"志愿者联合会孵化过程中起到了非常重要的作用。佟书记及其社工团队不但传授了社区志愿者们科学的社区治理技术,为居民达成共识提供了议事工具,而且和社区志愿者一起联系了内部的各类资源,并在社团孵化过程中的重要节点做了准确判断,引导了志愿者社团的顺利建立。同时,佟书记引导社团连接社区内部资源,在盘活社区居民自身资源的同时激发社区企事业单位参与社区志愿活动的热情。如果说社区居民、社区企事业单位、社区需求是点,社区工作者就是"线",将其连在一起。社区工作者用公益的"链条"将社区各类主体联系起来,通过准确把握各类主体的需求,撬动其参与到社区治理中来。每个主体在活动中都获得了自身想要的东西,打破了公益界只求"公益"而不求"共益"的怪圈,让每类群体都具有满满的"获得感"。在这个过程中,各类主体围着社区的公益产生了"转动",提高了社区内部的向心力,让"碎片化""公益性不强"的社团活动向"整体化""公益化"的方向转变,社区整体公益氛围得以营造,社区公益行动得以长效化开展。

第三节　社区工作者:破解居民参与难题的关键媒介

自 20 世纪 80 年代以来,我国社区初期重在建设,重点是解决"有组织管事、有人干事、有钱办事、有场地做事"的"四有"问题[①],其内在逻辑是自上而下地进行政府主导式的社区建设。在长期的建设过程中,有关部门并未转变原有的包办式的治理模式。虽然基层社区的硬件设施有了较大改观,但是社区居民一直处在游离于社区建设之外的"窘境"。笔者认为,社区是居民生活的社区,居民参与社区治理是题中之义,只有居民充分参与社区事务,才能实现真正的社区良性治理。站在居民参与视角,透视社区治理情境,笔者发现长期以来居民缺乏参与社区事务的意识与能力。笔者认为,不同于"候鸟"型的社会工作机构的工作者,社区居民委员会的工作人员扎根在社区,具有引导居民参与的条件与动力,具有动员居民参与社区事务的合法性,是破解居民参与难题的关键媒介。

---

① 陈伟东,陈艾.居民主体性的培育:社区治理的方向与路径[J].社会主义研究,2017(4):88-95.

一、居民参与:破解社区治理困境

2000年11月,中共中央办公厅、国务院办公厅转发《民政部关于在全国推进城市社区建设的意见》,标志着中国现代意义上的行政社区建设正式开始,其核心指导思想在于夯实党在基层的群众基础,重塑基本的基层管理体制。行政社区的基本特点在于其地域范围基本与行政区划相一致,是政府根据管理的需要规划形成的区域,是一种政府主导建设而成的,自上而下,"纵向到底,横向到边"的管理体制。经过多年的社区建设,我国基本建立了较为健全的基层居民委员会组织,构建了扎实的社会服务体系,完善了社区的基础设施建设,基本结束了基层管理与服务的体制重塑任务。但是建设过程中也涌现出一些新问题。一是长期行政社区建设模式下形成有关部门的"包办式"逻辑。长期以来以政府为主导的行政社区建设,形成了有关部门单向行动的建设模式,社会资源与社区民间力量基本被排除在社区建设外。二是行政化的社区建设中,有关部门几乎成为社区资源的唯一来源,间接引发了社区的资源危机。[①] 一方面,现阶段的社区实际给治理社区提出了更高的要求,一些社区内部的治理资源几乎都来自有关部门自上而下的输入,社区内部的辖区单位,社区属地的民间资源却"一动不动"。单靠有关部门输入只能提供一般化的公共物品,不能实现社区治理的"精细化",更不能满足居民的多样化需求。另一方面,社区居民把有关部门视为理所当然的建设资源的提供者,居民对社区的认同感和责任感缺失。三是社区居民游离于社区建设之外。长期以来的行政社区建设都是由有关部门自上而下推进的,社区居民不参与社区的公共事务,社区缺乏活力。

一言以蔽之,行政社区建设的制度性目标是重建基层管理体制,却对社区共同体建设有所想略。存在社区的实体设施建设井然有序,社区共同体建设却举步维艰,社区成员间的关系疏离,人们口里的"社区"从一个具有集体性质的词汇转变成了居住地代名词的现象。现阶段的社区建设重点应在于社区共同体建设。对共同体的论述可以追溯到滕尼斯。古典社会学理论一致认为,集体规范、集体意志和共同情感是共同体应该具有的要素,并且共同体中的居民行动应该以集体为取向。互惠性社会网络是集体规范、集体意志和共同情感的基础,从这种意义上说,社区内的互惠性社会网络是社区共同体应有的要素和价值追求,而重建社区共同体的重点应该是解决社区"人"的问题,在于提升社区归属感和打造社区关系网络。[②] 这样的目标的实现,必须要有以公共利益为取

[①] 顾骏."行政社区"的困境及其突破[J].北京行政学院学报,2001(1):12-14.
[②] 桂勇,黄荣贵.城市社区:共同体还是"互不相关的邻里"[J].华中师范大学学报(人文社会科学版),2006(6):36-42.

向的居民参与作为基础。没有居民参与,集体规范、集体意志和共同情感就无法产生,社区共同体就无法生成。

社区居民参与是社区治理的前提,没有社区居民参与,共识就无法达成,更谈不上治理。而在长期以来的实证研究中发现,有关部门治理行动成功的可能性与居民参与具有强相关性。在有关部门参与、社工机构参与而居民不参与的情境中,社区治理会陷入困境。只有在社区居民委员会引导下实现居民组织化、有序化参与,才能促进治理目标的实现。①② 在此我们也秉持这个观点,居民参与是解决社区治理难题的前提条件,只有实现居民参与,才能实现社区治理,促进社区共同体的形成。

二、居民自组织:居民参与运转的"良方"

居民参与是解决社区治理困境的必由之路。有的学者把社区参与中的居民参与分为社区的自组织和社区的他组织。自组织意味着不需要较强的外力干预,居民自身通过某种自我规范的方式实现有序参与社区公共生活。③ 居民自组织具有"自觉""自愿""自能"三个根本特征,即能够自我发现集体所面临的某种问题,能够自我协调、自我动员去解决问题并在一定程度上具有自我组织、自我行动的能力,能够实现一定的治理目标。就社区而言,居民的自组织的表现形式主要有三种。一是文体类自娱自乐组织。这种组织通过共同的兴趣爱好吸引居民进行参与,围绕着组织成员所共有的兴趣爱好开展活动,是居民参与的典型的自组织形式。二是治理调解类组织。这种组织主要由社区内部的志愿者和较有威望的民间骨干进行参与,通过沟通,化解邻里之间的矛盾。三是志愿者组织。这种组织具有典型的志愿服务的特征,由社区内部一些居民出于某种公益目标,对社区的公共空间或者社区个体提供低偿或者无偿的服务。社区社会组织激发了社区活力,是居民参与社区公共事务、回应自身需求的有效载体。居民自组织可通过某种共性的东西把社区居民整合到一个对话框架之内,有利于开展行动和沟通问题,有利于居民参与的良性运转。

居民自组织具有独特的治理价值。其一,居民自组织是政府公共服务的重要补充。社区治理首先面临解决居民多元化需求的问题。在社区场域中,有些

---

① 陈伟东,吴岚波.论社区公共资源治理中居民主体性的生成——基于湖北D社区的案例分析[J].四川师范大学学报(社会科学版),2018,45(2):27-33.
② 陈伟东.赋权社区:居民自治的一种可行性路径——以湖北省公益创投大赛为个案[J].社会科学家,2015(6):8-14.
③ 杨贵华.转换居民的社区参与方式,提升居民的自组织参与能力——城市社区自组织能力建设路径研究[J].复旦学报(社会科学版),2009(1):127-133.

个体化的服务无法支持到位,掌握在地性资源的社区自组织却可以在某种程度上填补这个空白。二是成为基层治理有力的支持者。居民自组织成为基层社区和居民之间的"缓冲带",制度性文件通过居民自组织进行宣传会让居民更容易接受,相关措施更容易落到实处。三是培育社区社会资本。在社区内,丰富的社会资本意味着密集的小型社会网络、多样化的成员身份和广泛的社会信任。[1] 居民自组织可以通过社团成员的交流和社团活动的开展,促进社会资本的培育和增值。部分学者通过对比发现,以家庭为单位的社会结构所产生的社会资本远远少于社区组织所产生的社会资本。[2]

三、社区工作者:社区自组织的"活力剂"

社区工作者的定义在学界众说纷纭。有的学者将社区工作者分为广义和狭义两种[3],广义的社区工作者是指从事社区建设和社区服务的人员,狭义的社区工作者则指的是社区居民委员会的工作人员。本书从狭义的社区工作者的角度进行讨论。社区工作者处于基层工作前沿,担负着基层治理领域中的基本职能。首先,从社区居民委员会的职能身份来讲,社区工作者承担着办理本地公共事务和公益事业的任务,他们工作于社区、服务于社区,最为贴近居民的生活,他们的"作用力"能直接作用到居民身上,具有促进居民参与、推动居民自组织发展的直接性。其次,社区居民委员会作为社区居民自治组织,具有组织和动员居民自治的法定职能,这为社区居民委员会引导社区自治组织开展自治活动提供了"必然性"基础。从2013年开始,华中师范大学湖北城市社区建设研究中心与宜昌、襄阳、黄石、荆门等地合作,以推进社区居民参与为主题,对社区工作者开展了多项培训,并引导他们策划项目,孵化社区自组织,共同推动社区发展,累计孵化社区自组织600余个,受益人数达40000多人。丰富的实践经验说明,社区工作者可以引导居民开展自治,激发居民自组织的活力。最后,社区工作者具有天然的"社区身份"——社区居民委员会成员,能够动员和连接社区内部各企事业单位的资源,可以为社区自组织开展活动注入"源头活水",支持社区自组织持续开展活动。

---

[1] 燕继荣.社区治理与社会资本投资——中国社区治理创新的理论解释[J].天津社会科学,2010,3(3):59-64

[2] 弗朗西斯·福山.信任——社会美德与创造经济繁荣[M].彭志华,译.海口:海南出版社,2001.

[3] 刘霞.关于我国社区工作者队伍的分析[J].云南行政学院学报,2005(2):99-101.

第四节 本章小结

本章阐述了社区治理专业化的过程。笔者从ZL社区治理困境入手,考察社区自组织治理难题的出现过程,发现ZL社区的工作人员长期致力于解决自身社区的美食街环境整治问题,但是问题无法得到有效解决。而在ZL社区工作者佟书记习得一套专业化的治理技术回到社区之后,各种治理难题出现了转机。要解决好社区治理难题,不能仅仅依靠嵌入式的社工机构周期性服务,社区居民委员会的社区工作者必须掌握一套专业化的方法和技巧,动员居民自我行动、自我增能,才能推进社区问题的解决。

为了更加细致地描述整个治理过程,笔者把ZL社区佟书记对社区难题的治理分为三个阶段。第一个阶段,佟书记通过孵化商住自治联盟,从居民的需求入手,引导居民自我行动,成立了第一个社区自组织,解决了社区美食街乱序,实现了居民从"原子化"到"组织化"。第二个阶段,佟书记通过孵化社团联合会,解决了社区爱好者社团乱序,破解了社区社团"各自为政"的情况,实现了社区自组织从"无序化"到"同体化",优化了社区自组织的结构,提高了社区自组织的资源整合能力。第三个阶段,佟书记通过孵化志愿者联合会,解决了社区公益行动可持续化问题,实现了社区自组织从"自益化"到"公益化"的转变。在整个过程中,社区的治理难题得以解决,社区居民的理念随着社团孵化活动的进行发生了较大改变。社区工作者通过自身掌握的科学的社会工作方法和理念,唤醒了居民的公益理念,增强了居民的参与能力。

在整个过程中,社区工作者起到了重要作用。社区居民的公共性不会自我产生,需要在互动中形成和发育,需要一只有力的手进行引导。社区自组织公益行为的开展,提供了社区的公共产品,构建了社区居民的主体性,消解了社区的治理困境。

第四章 专业化社区工作者的内涵及其形成过程

由前文可知,专业化社区工作者对社区居民参与起着重要作用。专业化社区工作者为社区治理问题的解决带来了转机,激发了社区居民的参与热情。如何定义和实现社区工作者专业化,成为社会工作实践领域和学界共同探索的问题。仔细分析"专业化"一词提出的理论背景及其内涵,笔者发现学界尚未对社区工作者专业化这一概念具有一致看法。本章从社区居民委员会法定职能的角度和社区治理所面临的时代任务的角度进行讨论,探讨"专业化社区工作者"一词的含义及其实现过程。

第一节 专业化语境下的社区工作者

社区治理领域的专业化水平直接影响着社会治理的发展。在社区治理场域,专业化与社区人才队伍息息相关,专业化社区工作者对社区治理具有较大的推动作用。下面从推进居民参与的角度出发,剖析专业化语境下的社区工作者的内涵。

一、专业化语境下的社区社会工作及其内涵

关于社会工作,很多学者提出了自己的观点。王思斌认为,社会工作是对具体的个人的帮助,是社会工作者同工作对象持续深入的互动过程。[1] 其从社会工作的方法本位出发,讨论社会工作作为一种外来概念在中国本土的适应性过程,从社会工作的"助人"理念出发,从职业本土化的角度定义了社会工作。陈树强认为,社会工作是一个增权的过程,增权是社会工作的途径。[2] 笔者从社区工作者的首要职责角度,认为在社区场域内,社区社会工作是引导群众参与,增强群众的行动能力和公益责任心的一种实践性和专业性的服务工作。笔者并不否认社会工作的"助人"属性和"增权"属性,相反,笔者认为这两者是整个社会工作过程中不可或缺的要素。本书的研究范围为社区社会工作,重点研究

---

[1] 王思斌.试论我国社会工作的本土化[J].浙江学刊,2001(2):56-61.
[2] 陈树强.增权:社会工作理论与实践的新视角[J].社会学研究,2003(5):70-83.

对象是社区居民委员会的社区工作者,从其本身组织和动员居民自治的职能出发,立足于笔者在社区治理实践中发现的实际问题,这也使得本书的定义更加具体。

为什么说社区社会工作要增强居民的公益责任心?从社会工作传入中国的情况来讲,社会工作的理念面临着诸多挑战。社会工作传入中国之后,经历了与中国本土相融合的过程,在这个过程中,部分学者就社会工作传入中国之初所面临的问题将社会工作人员的价值观念方面的挑战总结为由管理者到服务者。[1] 服务观念的普及折射出"社会福利社会管"的改革趋势,也象征着新的专业化理念在中国本土的落地生根,其与中国本土社会相融合,是社会工作在中国发展的一个重要转折点。然而,在中国社会发展进程中,基层社会发生了较大变化,一些人的社会责任感不能与社会相适应,加上中国基层的乡土差序格局的影响,对公德与公共事务的责任心处在较低的位置。在这样的社会环境里,有关部门和相关社会服务机构也在不断升级自身的社会服务水平,却出现了"有关部门买单,老百姓不买账""社工机构上台,社区居民看戏"的情境,社会工作的服务观念遭受了现实挑战。有些学者和工作人员仍然把大部分注意力放在服务水平上,也有一些学者和工作人员开始把注意力放在社会工作核心理念上来。有的学者认为服务理念是有着根本指向的,其核心要义应满足社会工作的"助人自助"原则,没有从"助人自助"角度进行的服务性社会工作[2]可能会助长居民的依赖感。尤其在社区治理领域,现阶段要警惕服务话语下的治理进程,诸多迹象表明如今的社区治理出现了一种内卷化的状态,即基层政府对于社区治理和居民自治的投入逐年增加,效果却不太理想。[3] 在这个时期,是否要坚持纯粹的服务化逻辑,是学界需要反思的问题。笔者认为,这个时期,除了服务居民,其隐藏的时代课题即是如何增强社区居民的社会责任感。激发社区居民的公益精神,促进新时代社区共同体的产生,服务好居民,虽然是我们的落脚点,却不是终点。如果不重塑居民的公益精神,增强居民的自治能力,社会工作水平会停滞不前。

新的社区社会工作理念内部蕴含着新的居民观。新的居民观从认知居民开始,要把居民看成资源的提供者和活动的参与者,把他们看成具有活动能力的人,所谓"人人都是资源""人人能自治"。只有在这样的视角下,才能真正动员起居民,改变现有社区治理"无资源""无能力"的现状。在以往的社区实践中,有关部门和学者把社区居民当成服务和管理的对象,未把社区居民当成活

---

[1] 王思斌.中国社会工作的经验与发展[J].中国社会科学,1995(2):97-106.
[2] 这里的服务性社会工作不包括针对无自理能力困难群体的救济式服务。
[3] 许宝君,陈伟东.居民自治内卷化的根源[J].城市问题,2017(6):83-89.

生生的,具有能动性,可以提供资源、开展行动的人。虽然也有学者对社区居民的需求做出分析①②,但是这类分析大都是建立在把居民当成服务的接受者的基础上进行的,其把社区居民当成社区的"客人",而非社区的"主人",把社区居民当成只能接受服务的"无用之人",而非可以提供资源、开展行动的"能人"。③社区是居民生活的地方,居民是社区的主人。作为主人,居民应该对自己社区的环境和公共事务进行了解,并为使其更加优化而开展行动。

那么引导居民参与什么呢？社区治理的目的是实现公益的发展,实现社区共同体的创建。居民参与是为了实现社区的公共利益,所开展的是社区的公共事务,所谋求的是社区的福利。在这种假设之下,新的社区公益观要秉持两个理念,即"公益不伤人"和"公益不养懒汉"。④"公益不伤人"指的是社区居民开展公益要让"好人有好报",给予相应的激励,提升社区居民参与社区公益事业的获得感。"公益不养懒汉"指的是公益事业的直接资助对象只针对失去了行动能力、真正需要公益服务的人。公益不是拿着钱去无条件地接济一部分具有行动能力的人,而是采取一系列激励措施让具有行动能力的人都参与到社区公益行动中来。新旧社区公益观在认知、态度、结果等方面有较大差异(见表4-1)。

表4-1 新旧社区公益观对比

概念	旧社区公益观	新社区公益观
认知	有什么给你什么	以需求为基础
态度	你需要的我都直接给你	自食其力,奉献交换
结果	物的变化	人的变化

新旧社区公益观的第一个区别在于对公益行动的认知。在旧社区公益观中,大量开展公益行动的人无视公益对象的需求,提供自己能提供的物品,将自己的想法强加在公益对象身上。新的社区公益观是以需求为基础,针对公益对象的需求而开展公益行动。

新旧社区公益观的第二个区别在于对公益服务的态度。以往的公益行动者在面对服务对象的时候都是直接提供"给予式"服务,全然不考虑公益行动接受者的个人风险承担能力的提高,不注重培育公益行动接受者的公益精神,公

---

① 王思斌.试论我国社会工作的本土化[J].浙江学刊,2001(2):56-61.
② 朱健刚,陈安娜.嵌入中的专业社会工作与街区权力关系——对一个政府购买服务项目的个案分析[J].社会学研究,2003,28(1):43-64,242.
③ 华中师范大学陈伟东教授的观点。
④ 华中师范大学陈伟东教授的观点。

益行动不但耗费了大量的人力、财力、物力,还养成了服务接受者好逸恶劳的习惯。新的社区公益观以自食其力为根本立足点,强调在公益活动中培育个人的参与意识与公益精神,通过提供自己的服务或者资源才能换取自己想要的物品。这种交换不一定要求是等价的,但是要让服务接受者开展自己力所能及的活动,为摆脱自己的困境而做出努力。

新旧社区公益观的第三个区别在于对社区公益结果的看法。以往的公益行动中,有关部门只关心服务了多少人,提供了多少物品,重点在于"物的变化",而不关心目标对象的发展变化。社区是人们生活的家园,公益活动的重点是营造更好的社区集体环境,所以公益活动的核心离不开社区内部的人。新的社区公益观秉持以"人的变化"为核心的理念,关注社区个人公益精神和自助能力的提升,将"助人自助"的核心观念贯彻于公益行为的结果之中。

二、社区工作者的概念与范围

关于社区工作者概念的界定,学界的看法不尽相同。

有的学者从开展社区事务的视角出发,认为社区工作者特指那些受雇于政府机关或非营利性机构,在社区中运用社会工作方法组织社区居民动员社区资源,解决社区问题,促进社区进步和发展的专业社会工作者。[1][2] 有的学者则从在社区从事事务的视角进行划分,将社区工作者划分为职业化的社区工作者和非职业化的社区工作者。[3]。职业化的社区工作者指的是从事特定社会服务和管理的工作人员,包括社区居民委员会成员、社区服务机构的工作者及社区内从事社会公共服务的专业社会工作者。有的学者将社区工作者和社会工作者等同起来,认为社会工作者就是具有社会工作的专业方法,身处政府或非营利性机构中,解决社区问题,促进社会和谐发展的社区工作者。

在政府层面,民政部在 1999 年颁布的《全国社区建设实验区工作实施方案》中将社区工作者明确界定为职业化的社区居委会干部、社区志愿者、社会中介组织、专兼职结合的理论工作者队伍。这一规定中的"社区工作者"一词的范围过大,不利于实际操作。而在《民政部关于在全国推进城市社区建设的意见》中,将社区工作者直接等同于"社区居委会干部",这一提法一直沿用到 2016 年。民政部在 2016 年联合十余个部门所印发的《城乡社区服务体系建设规划(2016—2020 年)》中,将"社区工作者"和"社会工作者"都列入城乡社区服务人

---

[1] 孙莹.如何区分社会工作者与社区工作者[J].中国社会导刊,2007 (21):32-33.
[2] 王莲.专业化的社区工作者队伍建设探析[J].湖北经济学院学报(人文社会科学版),2010,7(7):19-20.
[3] 李芹.职业化社区工作者与专业化社区工作者的关系[J].社会,2003(1):25-27.

才队伍规划。随着基层社区治理的发展,社会工作领域面临诸多新的难题,岗位形式愈加丰富,城乡社会工作者队伍日益壮大。于是,在2017年发布的《中共中央 国务院关于加强和完善城乡社区治理的意见》中,提出把城乡社区党组织、基层群众性自治组织成员以及其他社区专职人员纳入社区工作者队伍统筹管理,建设一支素质优良的专业化社区工作者队伍。"社区工作者"一词的含义得到了极大的丰富。

基于前文中对"社区工作者"一词的理解和探索,笔者发现,近年来随着城乡社会工作者队伍的不断壮大,社区工作者的内涵也从原先的单独的社区居民委员会成员扩充成社区居民委员会成员、社区专职工作人员、社区志愿者、在社区从事公益服务的非营利性机构的社会工作者、社会工作的研究者等诸多群体。本书立足于社区公共事务治理范围之内来讨论社区工作者专业化,从职能属性进行分析,社区社会工作的核心任务是引导居民参与,社区居民委员会承担着"组织和动员居民自治"的职责与功能,其本身"群众性自治组织"的法理性语境也强调了其在组织和动员居民参与上的合法性与唯一性。在本书的研究中,"社区工作者"一词指的是基层社区居民委员会的工作人员,本书中所有的讨论也基于这一概念而展开。

三、社区工作者专业化的三个要素

社区工作者要在特定的条件下才能实现专业化。首先,只有学习了社区相关理论知识,并通过了社会工作者职业资格考试的人员才能算是专业化社区工作者。社区居民委员会是群众性自治组织,社区工作者成为一个特殊的职业。职业资格证书意味着证书持有者已具备从事该项工作所需的专业知识、职业技能和工作技巧,意味着职业准入资格。[1] 拥有职业资格证书意味着具有从事这个职业最基本的能力。社区工作者专业化进程本身还有待健全,不能只以具备职业资格证书与否来判断其专业能力。无论如何,一个职业的成熟必然经历专业化过程,社区治理在未来也将面临其他挑战,而具有职业资格证书作为一项基本的职业准入标准是一名合格的社区工作者应该具备的,是职业发展和成熟的必然要求,所以具有社会工作者职业资格证书是专业化社区工作者的必备要素。其次,在具有职业资格证书的同时,专业化社区工作者还必须具有组织居民参与社区事务的实际操作经验。社区工作者的主要职责在于组织和动员居民参与,专业化社区工作者应具有科学的动员居民参与的方法、流程与理念。

---

[1] 袁光亮.境外社会工作职业准入制度对我国的启示[J].重庆工商大学学报(社会科学版),2016,33(3):83-88.

只有具备组织和动员居民开展自治能力的社区工作者,才能符合《中华人民共和国城市居民委员会组织法》对社区居民委员会规定的"群众性自治组织"的法理性要求。这里的组织和动员居民参与,是指能够让居民长期、自发、自愿地组织起来,回应自身和社区的需求,解决自身问题。从社区公共事务和公益事业治理的视角来看,一名社区工作者如果不会组织和动员居民参与社区事务,那么他很可能不是一名合格的社区工作者,更不会是一名专业的社区工作者。最后,本书的讨论范围仅限于社区内部的公共事务和公益事业,从这个角度来讲,社区工作者在社区最好承担相应的社会工作岗位,这样所学的专业化的技术才能有用武之地。按照《中华人民共和国城市居民委员会组织法》的规定,居民委员会协助不设区的市、市辖区的人民政府或者它的派出机关做好与居民利益有关的公共卫生、计划生育、优抚救济、青少年教育等项工作。以佟书记所在的ZL社区为例,社区居民委员会承担了多个对口部门的职能,包括居委会建设、党建工作、社区服务、老年工作、社区卫生、社区环境、社区治安、社区教育、计划生育、妇女工作、残联工作、统战工作、社会福利工作、环保工作、社团社会组织管理、精神文明建设工作以及其他杂项工作。在社区居民委员会内部,由社区书记进行统筹,每个社区工作者承担着不一样的职能。以ZL社区为例,ZL社区居民委员会社区工作者共有7人,每个人都在社区内部承担着不同的职能。事实上,从ZL社区商住自治联盟的孵化过程可以发现,佟书记的参与推进了社团组织的孵化,促进了居民的参与,其他社区工作者在社区主要是从事事务性工作,并未从事专业化的社区社会工作。所以即便一名社区工作者具有职业资格证书,具备组织动员居民自治、孵化社区自组织的能力,但是未能从事相关岗位,开展社区工作,他就很难将专业化的能力应用到社区,因为这样的社区工作者从事的是除自身本职工作之外的事务性工作。从事的岗位成为专业化社区工作者的第三个标尺。以上三个要素可简称为"三专"条件。

具有"三专"条件的社区工作者在社区的分布情况如何?首先,从持有社会工作者职业资格证书的角度来观察。截至2018年,我国持证的社会工作者共计43.9万人,其中社会工作师10.7万人,助理社会工作师33.2万人,城市社区居民委员会成员57.9万人。湖北省的城市社区居民委员会共计4570个,城市社区居民委员会成员为39761人,①城市社区居民委员会持有职业资格证书的人数为6303人,占城市社区居民委员会成员总数的15.9%。笔者详细调研了湖北省武汉市江汉区,江汉区共有62个社区居民委员会,社区居民委员会成员共有688人,江汉区持有社会工作者职业资格证书的工作人员共有560人,

---

① 湖北省统计局,国家统计局湖北调查总队.湖北统计年鉴2018[M].北京:中国统计出版社,2018.

但是区内社区居民委员会中具有职业资格证书的人员仅为217人。考虑到地区差异,我们再把目光投向上海市徐汇区,截至2018年6月底,徐汇区有城市社区居民委员会工作人员2430名,平均年龄37.84岁,持有社会工作者职业资格证书者455名。由此可见,综合来讲,在一般的城市社区居民委员会中,具有社会工作者职业资格证书的人员相对较少。其次,从社区居民委员会内部具体分工来看,从事社会工作的人员较少。以湖北省武汉市江汉区为例,江汉区每个社区的社区居民委员会人数平均约为11人,其中只有37个社区的社区工作者开展过社区社会组织孵化活动,其余25个社区从没开展过或者委托社会工作机构来开展。在开展过社区社会组织孵化活动的社区里,其中从事社会工作的人数极少,甚至在25个委托社会工作机构的社区中,部分社区工作者从未从事过社会工作相关事务。从社区工作者实务能力培训来看,整个江汉区在2016年至2018年仅举办了4场社区工作者实务能力培训,并且从未开展过后续的督导活动。江汉区开展社区工作者实务能力培训,要求每个社区派一名成员参与。据统计,参与培训的社区工作者共计197人,其中重复参与培训的人数为131人。参与培训的人大部分由社区随机抽调,每个社区都是"谁有时间谁去",去的也不一定是在社区负责社会工作相关事务的人。在笔者对江汉区参与社区工作者实务能力培训的人员的问卷调查中,55%的人表示自己"从未使用过"学习到的社会工作实务操作技术,20%的人表示"用过一两次,但是并未试验过",19%的人表示"不知道怎么使用",只有6%的人觉得自己"掌握了社会工作技术"。在问卷调查中,笔者还发现大部分社区工作者把实务能力培训当成是和社区规章与理论学习相似的培训类目,加上社区实际情境的复杂性和社区居民需求的多样性,往往地方民政局花了"大力气"举办社区工作者实务能力培训,却很少有社区工作者能掌握社区工作实务操作的技巧。

由上面的数据可以看出,社区居民委员会的社区工作者具有资格证书的人数整体较少。进一步来看,以江汉区为例,平均一个社区居民委员会具有的持证社区工作者的数量约为3人,但是由于社区的事务性工作过于繁重,每个社区从事社区工作事务的社区工作者只有1到2人,剩下持证的社区工作者无法从事社区相关工作,这就导致持证社区工作者干着"非专业化"的事。这些具有社会工作者职业资格证书且处在社会工作岗位的社区工作者又并非全部接受了社区工作者实务能力培训,他们只是了解了基本知识,却很少有人具有社会工作的实操能力,加上行政安排问题及社区工作者实务能力培训体系本身不健全,在社区具有"三专"条件的社区工作者较少,这也间接导致社区居民参与的弱化。笔者在问卷调查中发现,江汉区的每个社区居民委员会都具有4个以上的社区社会组织。但是在62个社区中,只有3个社区各自具有1个由社区培育的具有公益导向的社区自组织。

第二节 "传导器":社区治理专业化中的专业社工

社区治理专业化意味着治理层面的新的方向和挑战,具有诸多内涵。社区治理专业化不但意味着社区应用场域的社会工作专业知识和专业技术方法,更象征着社区在地治理的实现,其直接目标是实现社区内部多方主体平等合作,重塑社区共同体。社区工作者作为社区治理的重要力量,在这场专业化治理中起到"传导器"作用。"传导器"的一边联系着专业化,另一边联系着社区,各类治理目标通过社区工作者的治理实践在社区发挥作用,为专业化的实现开辟了道路。

一、传导对话方式,塑造居民主体性

对于社区治理专业化的实现,社区内部的对话方式显得非常重要。社区治理时代的来临同样意味着合作时代的来临,单向包办式的治理时代一去不复返,而合作治理也意味着治理内涵中沟通性的加强。纵观社区治理的脉络,一种良好的对话机制有助于融化不同利益群体间的"坚冰",跨越不同话语体系的沟通鸿沟,构建一条通向信任、尊重、共识的合作之路。[①] 同时,在这个过程中,对话机制将形塑合作治理的相关主体,对其沟通习惯、思维习惯和行事风格产生影响。

新的对话方式意味着沟通信息的科学传递。在 ZL 社区的治理过程中,社区工作者首先习得了一套专业化的治理技术,他们在这种学习和实操的过程中接收技术的传导,从一名行政化居委会干部变成一名专业化社区工作者。他们在培训和实践中成长,他们扭转"对上负责"的态度,树立"社区是居民的"理念,摒弃自身原有的包办式的治理方式,将议事规则传播到社区,让社区居民之间的沟通得以顺利进行。例如,在美食街治理过程中,佟书记采用卡片法代替直抒胸臆的表达方式让居民避免争吵,居民的意见在卡片的沟通中得以分解和组合,所有人的意见都得到了尊重。同时,以民主打分方式对居民意见进行筛选,居民旧有的行事惯性被打破,"我是社区的一分子"等主体性因素开始输入居民的大脑。社区工作者在社区工作中的行事方式影响着社区居民,当社区工作者的方法变得专业化的同时,社区居民也在悄然发生变化。在调研中,笔者经常能听到社区居民表达自己的感谢,他们认为自己在社区参与的是自己决定的事

---

① 李静.自治主体、互信机制与对话方式:合作社会的治理逻辑[J].思想战线,2017,43(6):101-107.

情，他们感觉自身的需求和相关表达被尊重，他们开始找到"社区主人"的感觉，他们的活力被激发。

社区居民主体性体现为其本身作为主体认识自身的过程。在社区治理领域，社区居民主体性主要是指社区居民具有行动和策划的能力，能够策划公共事务解决方案，能够自己行动处理与自身相关的社区公共事务。社区居民主体性张扬的过程也是一种激活的过程，在社区工作者的传导之下，塑造居民主体性的逻辑贯穿治理活动的始终。从治理共识的达成、治理行动的策划及确认到治理行动的开展，包括引导社区居民制定激励方式，社区工作者通过各种对话方式的输入让居民行动起来，在行动中感受收获，体会自身的角色变化。在集体行动框架内，居民开始认识到自身的行动力。在对 ZL 社区居民的访谈中，他们对自身策划出来的活动感到不可思议。正是这个过程，让他们体会到自己有足够的能力去管理和建设自己的社区。在这种对自身行动能力进行认知的过程中，一个个社区人正在产生，他们对自身的自信激发了他们的行动，对社区公共事务的关注也在慢慢生长。

对话技术本身属于治理技术的一种，其本意是营造社区居民的交流环境，让社区居民开展交流，交换意见，让社区内部的社会资本得以培育。在治理技术体系中，这种对话方式属于助推技术，是为了让主干社团的孵化流程更加顺畅。其作用本身又区别于主干社团的孵化技术，主干治理流程的侧重点在于让社区的自组织产生并发展下去。但是对话技术本身聚焦于社区居民的角色重塑，对话技术实质上是在开放空间会议技术框架下的一种营造手段，营造一个新的讨论环境让居民议事实现自我表达。没有这种技术作为切入，社区居民的共识将无法达成，后面的治理流程也就无从谈起。笔者在这里将其单独列出，是为了强调其重要性及对居民主体形塑的张力，这是作为"传导器"的社区工作者的一个重要目标，也是社区治理专业化回归居民的基点。

二、传导治理技术，整合在地性资源

在地性资源一直是大多数社区治理活动所忽略的助力。社区治理的惯性逻辑是自上而下的治理观，即以政府为主角下沉治理资源和治理技术，提供治理所需的人财物以支持治理行动的开展。由上级进行计划部署，下级进行执行和开展活动，上级为活动提供充足的资源，不依靠在地性资源而直接展开治理行动。从整体国家治理的角度来讲，长期自上而下的治理模式的背后是资源的向上集中，国家统治能力就在这种治理过程中被不断增强，权力向组织集中，组织向政府集中，科层制话语体系内部的统治结构会变得更加紧密和高效。但是长期的自上而下的单项式治理又会造成基层对上级的依赖现象严重，缺少对自身事务的治理能力与热情,基于社区的资源整合也就无从谈起。

单位制解体之后,单位人变成了社会人,人的流动性加大,人们的需求也变得多样化。从社区治理的角度来讲,基层社区治理需要习惯于吸收基层社会的治理资源。一方面用于补齐基层政府的资源短板,推进具体的社区治理活动继续进行。例如,在ZL社区的治理过程中,佟书记联系社区商户提供场地和清扫设备,众筹活动开展时联系社区住户提供旧书籍,这些都是在汲取基层的在地性资源。只有这些资源齐聚,社区治理活动才能得以良好地开展。另一方面,社区工作者要具有长远眼光,以社区为中心,在各类活动中要有意识地对社区在地性资源进行吸纳和盘活,形成一个以社区为中心的资源网。这种资源网连接着社区内部大大小小的单位和个体,资源网越丰富,往后社区治理中大大小小事件的解决过程就越顺畅。例如,宜昌市伍家岗区大公桥社区的易书记运用社区的在地性资源,以社区楼宇党建为平台,吸纳辖区内同一写字楼内的企事业单位的骨干开展社区志愿服务。楼宇党员骨干在互动过程中成立了楼宇绿植养护社团和楼宇党员爱好者协会,社团范围扩大到整个社区,极大地吸收了社区内部的居民,为社区治理提供了充足的人力和物质资源。易书记告诉笔者,楼宇党建这个平台连接社区内部的各类骨干,为社区治理帮了很大的忙。2017年4月社区内部对老旧楼栋进行勘测,社区内部部分居民不配合,最后经楼宇绿植养护社团内的居民帮忙协调,活动才得以继续进行。社区内部几次活动的举办也是依靠社团联系的熟人解决了场地问题。在地性资源是一份宝藏,诸多在地性资源的吸纳最终会促进社区资源网的形成,提升社区治理效率。

社区工作者通过各种治理技术整合在地性资源。基层社区治理要实现在地治理,无疑要通过社区居民委员会的社区工作者来进行。社区工作者通过资源连接技术连接社区内部的企事业单位和个人,通过开放空间会议技术挖掘目标身上所蕴含的资源,并利用人力资源和物质资源本身继续进行发散,最后构成覆盖整个社区的资源网络。社区在地性资源的整合效果依赖社区内部的资源情况,更加依赖社区工作者发现资源的眼光。例如,黄冈市黄州区六福湾社区运用社区内部的十多名退伍老兵这一在地性资源,孵化了社区"白天红袖章,晚上手电光"社区志愿者巡逻社团,早晚在社区巡逻,为社区治安助力。同时,通过巡逻社团的志愿者撬动社区内部的商户资源为巡逻活动提供积分兑换,连接社区内部单位提供安保器具。一个小小的社团就像一根线,连起了整个社区,组成了一张覆盖社区的资源行动网络。黄冈市黄州区袁家铺社区是一个村改居社区,社区内部没有商业楼盘,每家每户隔得非常远,社区内部资源比较贫乏。新来的社区工作者徐鹏上岗之后,经过对社区细致的观察和大胆的创新,运用开放空间会议技术展开需求调查,抓住社区"三留守"人员多的特点,开展了"E龄计划"社团创建活动。他号召社区内部的年轻人帮助社区老年人学习使用智能手机,让老年人能和远方的亲人联系上。该社团的成立不但解决了社区"三留守"人员的稳定问题,而且巩固了社区居民委员会在居民心目中的地位和形象。整个社区的"三留守"人员被这个社团串了起来,袁家铺社区其他工作推进起来也顺畅了许多。

三、传导公益理念,铸造社区共同体

古典社会学理论一致认为集体规范、集体意志与共同情感是共同体应该具有的要素。在社区治理场域中,专业化社区工作者在传导一些公共性集体规范的同时,潜移默化地提升着居民对社区的共同情感,让社区居民的认同度从个人到组织最后转移到社区。以ZL社区的治理活动为例,佟书记习得了一套专业化的技术和理念。看起来技术和理念是两个概念,其实在实操过程中理念能潜移默化地融入技术。比如卡片法,每个人都有平等表达自我意愿的权利,每个人的表达都被尊重,而且过程公开透明,居民的民主意识被一点点唤醒,居民的主体性被一点点地激发,表达自身需求更加勇敢和准确。不管是从刚开始的游戏环节还是在具体的孵化流程中,每一个环节和技术都在催促着居民开展交流和达成一致,社区社会资本也在这个过程中悄悄增长。在这个过程中可以发现,其实技术和理念并不是两条独立的线,而是融合在一起。如果对这种隐藏在技术中的公益理念进行提炼,可以发现其要义就是铸造社区共同体。

社区共同体究竟是由什么促成的?无论是"社区保存论"还是"社区消失论",其对共同体的判断准则大多集中在社会关系上。[①] 这种社会关系在集体交往中产生,在产生的过程中衍生相关的集体规范,产生集体意识。在现代话语体系下,人们的异质性增强,但是我们仍然可以在这种异质性中寻找联系。以ZL社区的治理实践为例,美食街治理就是一个治理事件,这个事件将社区内部承受社区美食街治理负外部效应的人联系在一起,将关心美食街治理事件的社区人联系在一起。这种联系最初并不一定能给社区带来安宁,但正是这种联系让居民参与社区治理出现了突破口。这种利益相关性让他们可以坐在一起讨论共同关心的社区事务,让社区治理成为可能。从ZL社区的实践来看,共同体的塑造经历了这样一个过程,美食街的治理实践让最初的利益相关方具有参加治理活动的可能,这个时候的居民之间虽然有联系,但是其本身的对话几乎无法开展;虽然有基于利益关系的社会关系,但是不利于社区共同体的形成和发

---

① 桂勇,黄荣贵.城市社区:共同体还是"互不相关的邻里"[J].华中师范大学学报(人文社会科学版),2006(6):36-42.

育。而佟书记的出现改变了这一现状。佟书记运用一系列治理活动扭转了这样的局面,在治理技术的输入下,人们的沟通在科学的对话方式下持续进行,人们在之前治理困境中的误解随着沟通的进行慢慢消解。人们在这个过程中认识规则和熟悉规则,开始习惯以投票等方式进行治理实践,接受集体投票的结果,集体意志也随着社区自组织而产生。在这个过程中,社区公共性开始萌芽,公民道德和公共精神开始生长。最后社区工作者以公益意识为引领,让社区自组织随着社区"公转"起来,社区共同体建设也进入了加速期,社区各个主体之间的联系随着自组织活动的开展变得更加复杂和频繁,最终整个社区内部的个体都被吸纳到这张联系网络内,社区共同体在这种复杂多样的社会关系中产生。

公益在这里意味着社区集体的公共利益。我们从集体行动的角度进行阐释。技术的输入带来了社区自组织的产生,而社区自组织的萌芽是社区内部一群拥有共同爱好或者共同利益联系的人决定开展行动。在这种惯性思维中,群体内的个人利益和自组织利益成为组织成员较为关心的问题。如果一个社区内部的自组织和小团体都围绕着社团自身的利益开展行动,奥尔森所描绘的"公地悲剧"就是最终的结局。各个自组织的人们会为了仅有的社区资源开展抢夺,甚至不惜损害公共物品,自组织的孵化反倒会加快社区的分裂,负外部性危机又会以另一种形式产生。所以为了避免这种各自为政的情况,必须要以公益观念为准绳,引导社区自组织为社区奉献自身的"光"和"热",社区工作者在自组织孵化的过程中和社区居民进行长期接触,具有开展引导的条件。社区工作者要学会在互动交往中将社区居民对于社区工作者的认同转化为对社区集体的认同,进行认同性的传导,只有这样,社区共同体才能稳固和发展。

第三节 社区工作者专业化的过程分析
——以湖北省为例

从实务能力训练的角度讲,社区工作者专业化不是一个单次实务能力培训的过程,它需要完整的项目体系来推进,需要在制度上从能力训练到项目落地督导长期的专业化训练。项目制是指在限定的时间和有限的资源约束下,利用特定组织形式完成一次性任务的动员和组织方式。[①] 在实际操作中,社区工作者专业化一般通过社区公益创投项目的形式来推进。以湖北省为例,湖北省公

---

① 周雪光,刘世定,折晓叶.国家建设与政府行为[M].北京:中国社会科学出版社,2012.

益创投项目是以政府部门为核心,通过技术与心理维度、制度维度、经济维度[①]助力基层社区创意和开展社区公益组织服务项目。这种创投项目式的推进有利于打破社区原有的限制,为社区工作者专业化提供各种条件。从操作流程上讲,在湖北省社区公益创投项目机制中,社区工作者专业化主要经历了四个过程:能力训练,项目申报,项目落地,项目评估督导。在这个过程中,将社区工作者的实务操作能力和"实战"演练结合起来,保证实操项目的有效性。

一、专业理念和专业技巧的植入

湖北省社区工作者实务能力训练由湖北省民政厅委托华中师范大学湖北城市社区建设研究中心合作举办。其中湖北省民政厅负责搭建资源对接平台,提供社区公益组织所需要的"种子基金",华中师范大学湖北城市社区建设研究中心作为专业团体,提供组织孵化流程技术。社区工作者实务能力训练的内容会随着实践探索而不断更新,但是整体内容基本集中于专业社工理念和组织孵化流程两个部分。一方面,专业社工理念的重点在于强调"社区是居民的"理念,要社区工作者从思想观念上改变以往"向外看"的逻辑思维定式,将目标与思考的重心放到自己的社区内部,注入盘活在地性资源、动员居民参与解决自身问题的信条。另一方面,通过传授培育社区公益组织的专业方法,让社区工作者落实这套理念。从原理上来看,培育社区公益组织的方法主要集中于以下四个问题:如何发现居民需求?如何让居民行动起来?如何让行动可持续?如何汲取社区在地性资源?组织孵化流程基本可分为五大步骤。第一步,确认社区公益组织孵化的目标群体,寻找需求的"最大公约数"。第二步,组织目标居民入场,推进目标群体行动共识的达成。这里使用心理学原理,放大某项社区问题所引发的负面影响,以加强社区居民的行动力。第三步,引导社区居民创意活动,制作行动方案。这里引导社区居民策划自己喜欢的项目形式,加大集体行动发生的可能性。第四步,讨论激励事宜。社区工作者运用流程以公益积分的方式对开展行动的社区居民进行激励,持续推进社区居民开展行动。第五步,讨论资源连接。通过盘活在地性资源,为社区居民的积分兑换行动注入"源头活水",并吸引社区内部各类企事业单位参与。

社区工作者实务能力训练具有激发居民参与、提高社会资本增量的治理效益。这里不得不强调社区工作者作为"传导者"的特殊意义。社区工作者作为政府和居民之间的桥梁,处在社区治理实践前沿,他们的理念和行为方式直接

---

① 陈伟东.赋权社区:居民自治的一种可行性路径——以湖北省公益创投大赛为个案[J].社会科学家,2015(6):8-14.

作用于居民,他们是社区治理中的"节拍器"和"助推器"①,他们的实务能力训练成果将直接影响社区居民自治的组织化程度,所以实务能力训练对社区工作者起到非常重要的作用。知识是认识人和分析世界的工具。专业化的实务能力训练可以让社区工作者具有较强的技术指导。这套实务能力训练体系的核心在于引导社区工作者把眼光从外部放到社区内部,激发居民在参与中自我负责、自我行动的公共精神,符合我国居民自治组织"自我管理""自我服务"的理念内涵,有利于培育社区居民的自主性、自力性、自律性。② 从居民参与的意义上讲,实务技术的传导会增加社区居民之间的交往,进而增进社区成员之间互相交流和了解的可能性,促进社区内部社会关系网络的生成。③

二、专业项目的培育

湖北省公益创投项目以城市社区为基本单元,要求以社区居民委员会的身份进行申报,这也界定了项目的范围。这不同于沿海地区的公益创投活动。沿海地区的公益创投活动大多数由正式注册登记的法人单位或者社会组织进行参与,但是沿海地区的这种做法也会导致一些问题。例如,社区居民委员会的社区工作者长期以来忙于行政事务且自身专业性本来就不及社工机构,根本无暇集中精力进行公益创投项目的操作,在公益创投大赛中基本上很难脱颖而出。久而久之,处在同样竞争条件下的公益创投大赛模式基本上把社区居民委员会排除在外,造成社区居民委员会的社区工作者组织和动员居民自治的职能弱化。此外,公益创投必须保证社区长期的治理生态,而非仅仅集中于社区的某类群体需求。 些基层社区由于长期缺乏社区公益组织和居民自治的生长环境,社区居民间缺少交往,社区自组织空间争夺不断,社区内部居委会、业委会和物业公司之间容易发生冲突。④ 此类社区长期处于居民公益精神淡薄的情况下,专业化社工机构的小组工作只能起到轻微的缓解作用,愈加专业化的机构介入可能会不断放大居民需求,加大行政成本,不能从根本上改变这样的治理困境。而针对社区工作者的专业化能力培训会给社区工作者不断输入专业化的知识和理念,增加其开展公益创投项目的经验。社区工作者的能力提升过

---

① 陈伟东,马涛.居委会角色与功能再造:社区治理能力的生成路径与价值取向研究[J].吉首大学学报(社会科学版),2017,38(3):78-84.
② 徐勇,贺磊.培育自治:居民自治有效实现形式探索[J].东南学术,2014(5):33-39,246.
③ 史斌,吴欣欣.社会资本在社区治理中的功能分析——以社区治理"失灵困境"现象为视角[J].科学决策,2009(7):83-89.
④ 陈伟东.赋权社区:居民自治的一种可行性路径——以湖北省公益创投大赛为个案[J].社会科学家,2015(6):8-14.

程又会改善社区环境,强化社工机构与居民之间的桥梁作用,提升社区居民的参与意识和公益精神。

三、专业团队的督导与帮扶

按照相关规定,每个接受了社区公益创投大赛培训的社区工作者回到自己的社区后应进行公益项目孵化,并在规定时间内联系所在地市州的民政部门上报自己的项目,最后由湖北省民政厅组织专家对上报项目进行审核。湖北省民政厅每年会预选100个左右的初赛项目,并根据内容预估项目的实施成本,在每年省福利彩票基金中划出一部分作为"种子资金",对项目进行扶持。在社区公益创投大赛之后,湖北省民政厅会组织专家团队对社区工作者项目的开展情况进行实地指导,对社区工作者进行具有针对性的专业能力赋权,持续增强社区工作者专业化能力。

项目评估和督导对于社区工作者专业化具有独特的意义。社区治理是多方主体共同相处的场域,其交往环境复杂,而每个社区的居民的需求又具有一定的特殊性,简单的实务能力训练并不能覆盖到个体所面临的全部治理情境,需要专业性的指导。同时,创投项目的孵化周期较长,社区工作者也未必能准确洞悉现阶段的项目运行状况,很难对社区的项目运行有一个前瞻性的判断,需要专家对其进行指导。

第四节　本章小结

"专业化"一词来源于生产力发展水平快速提升的工业化时期。[①] 诸多学者依据各自的生产生活实践对专业化提出了自己的看法。例如,伯里曼认为,"专业化"意味着"不可缺少的工作""运用高度的理智性技术""长期专业的教育""具有具体化的理论纲领"。托夫勒认为,专业化意味着专业的知识和"与一般性的生产活动分离"。总体而言,现代语境下的专业化意味着独立的职业知识体系和专门化的生产过程。现代化的社区治理要求给予了社区工作者更多的现实使命。本书把社区社会工作定义为,引导群众参与、增强群众能力和公益责任心的一种实践性和专业性的社会工作。社区社会工作引导居民参与的目标应该是增进集体福利。鉴于此,本章也从这个角度重新定义了社区工作者专业化,并且探讨其实现过程。任何专业化过程都离不开实践经验的累积。社区

---

① 钟顺昌,任媛.产业专业化、多样化与城市化发展——基于空间计量的实证研究[J].山西财经大学学报,2017,39(3):58-73.

治理从社区工作者职能实现的角度来探讨其专业化进程。笔者认为,专业化社区工作者指的是在社区的社会工作岗位上具有职业资格证书、经历了专业实务能力训练的社区工作者。社区工作者专业化进程必须通过专业化的制度性力量来实现,社区工作者专业化需要经历一系列过程,其中实务能力训练尤为重要。以湖北省为例,社区工作者的专业能力要在长期的公益创投项目运作中进行提升,以适应复杂的社区环境。

第五章　社区工作者专业化的治理效益与限度

中共十九届四中全会提出要建设人人有责、人人尽责、人人享有的社会治理共同体。在社区治理领域中,社区居民参与是实现共同体建设的基础,只有增进社区居民参与,加强社区居民之间的交流,最大限度地让每个人都参与到社区的公益事业中来,共同体才有形成的可能。经过调研,笔者发现湖北省部分基层社区走出了一条通过社区工作者专业化推进社区居民参与社区公益事业的道路。本章基于社区调研的实际见闻和笔者的思考,探讨社区工作者专业化对于社区居民参与志愿服务的治理效益与限度。

第一节　社区工作者专业化的治理效益

社区工作者专业化是促进社区居民参与的重要因素。从笔者的调研来看,一些专业化社区工作者通过接受实务能力培训习得了一套专业的实务操作技术,并在创投项目机制的支持下,推进了社区居民参与的发展,走出了一条内生式的发展道路,其对于社区居民参与志愿服务的效益值得我们深入分析和探讨。

一、居民参与形式组织化

现代化的社会是一个组织化的社会。社会组织的构建能够为社区提供比较丰富的社会公共产品,能够满足社区居民的一些需要。在近几年的社区实践中,诸多学者发现社区组织给社区所带来的积极意义。陈伟东、舒晓虎认为,社区组织化具有多重利益,不仅可以促进"公共议题"转化为有具体目标的公共需求,还可以通过组织化突破个体行动的局限,以实施更有效的公共行动和在更大范围内实现公共利益。[①] 在 ZL 社区的案例中,我们可以发现自组织治理模式对于社区的重要作用,但是这种居民的组织化需要专业化社区工作者来推动和实现。

专业化社区工作者究竟是如何带来社区居民组织化的?一方面,从社区的实践来看,专业化社区工作者孵化出社区草根组织以应对社区治理难题。为什么要以组织化的方式?从社区治理来讲,单向型的社区管理已经逐渐被社区互

---

① 陈伟东,舒晓虎.社区空间再造:政府、市场、社会的三维推力——以武汉市 J 社区和 D 社区的空间再造过程为分析对象[J].江汉论坛,2010(10):130-134.

动性治理所代替,这种互动性治理的重点就是一种参与式治理的出现。① 而自组织作为承载社区治理的基本形式,其出现显得十分重要。从现实层面来讲,之所以难以实现组织化,是因为社区居民在议事过程中很难达成一致意见。共识是行动的基础,没有共识,后续的切实行动也就无从谈起。在笔者调研的案例中,社区工作者通过专业的社团孵化流程实现了居民参与共识的达成,并在活动中让社区居民之间不断相互熟悉,从松散的个体集合变成统一的集体参与。另一方面,专业化社区工作者给社区居民参与带来了规则要素。奥斯特罗姆将自组织当成解决"公地悲剧"的良策,而自组织的首要特点就是具有集体规则。专业化社区工作者介入社区治理之后,通过引导利益相关方进行自由表达,设定了各种集体规则,推进了居民参与的组织化进程。

组织化究竟解决了什么社区问题?纵观社区的治理实践,笔者发现居民参与的组织化解决了个体化所无法解决的问题。一是解决了非组织化社区居民参与无序的问题。相对于个体化而言,组织化带来了集体规则,每个草根社团的人都会受到集体规则的影响。二是解决了社区居民难以聚集的问题。以往社区工作者面对非组织化的社区成员开展活动时,聚集居民总是困难重重,社区内部人与人之间关系错综复杂,难以动员。但是在组织化之后,充分沟通的组织成员号召了更多的居民参与到社区公益事业中来,以往难以开展活动的窘境一去不复返。三是解决了信息传递渠道不畅通的问题。在个体化的参与模式下,社区居民是分散的个体,社区工作者传递信息的成本很高,一些政策在落实中会遇到阻力。组织化之后,建立了有效的居民关系网,让政策信息得以更快地传递。

二、居民参与能力增强化

社区工作者在实践过程中充分运用开放空间会议等社会治理技术,让居民了解参与技巧,促进社区居民充分参与到活动中来。并且在活动中引导社区居民走到台前,让社区居民中的积极分子尝试带领居民开展活动,将知识传授给社区居民,让社区居民的议事能力得以强化。

这里的参与能力指的是社区居民在公共事务治理中回应自身需求并开展自治活动的能力。笔者将这种参与能力分为对话能力和组织能力。对话是人们达成目的的有效策略。② 在原先的治理状态中,碎片化的社区加剧了居民的沟通难度,处于治理失能状态下的社区工作者常处于尴尬的治理境地,社区居

---

① 胡仙芝,罗林.社会组织化与社区治理研究[J].中共福建省委党校学报,2007(11):36-41.
② 刘庆昌.对话教学初论[J].教育研究,2001(11):65-69.

民委员会的权威下降更让他们组织居民变得无力。在 ZL 社区的治理过程中，佟书记通过一套社会工作的专业技巧，将新型对话方式传授给居民，这种有温度的知识提升了居民交往的舒适感，社区居民也开始习惯于使用"卡片法"等新颖的沟通方式，自身的交流能力也得到了提高。人们不再比谁"嗓门大"，转而开始寻求民主化与集体化的解决方式。在对话能力提升之后，居民自身的需求也就自然流露了出来。社区工作者在活动中了解居民，居民也在活动中了解彼此。长此以往，社会资本的萌芽开始生长。组织能力在学术界还没有统一的定义，阿密特等从企业发展角度进行讨论，认为组织能力是指企业运用资源来达到目标的能力。张肖虎、杨桂红认为，虽然组织能力没有一致的定义，但大致可以表述为：组织能力是指一个组织，通过利用组织资源，执行一系列相互协调的任务，以达到某个具体目标的能力。[①] 鉴于以上学者的研究，本书把社区居民参与中的组织能力定义为，社区居民通过对社区内资源的协调与分配，有计划地实现治理目标的能力。在案例中，我们可以发现，ZL 社区的居民在参与美食街治理的过程中，其组织能力不断得到培育，以社团骨干为首的组织化团队分配任务，寻找资源，策划活动，制定规则，居民的自组织化能力得以提高，"自转"能力不断增强。

社区居民参与能力增强给社区治理带来了诸多影响。一是居民意愿得以充分表达。在社区治理情境中，对话过程堵塞会造成信息无法充分流动，专业化社区工作者将诸多表达技巧带回社区传授给居民，提升了居民表达自身需求的可能性，并让居民能够更加准确地表达自身的需要，让社区工作者和居民之间的信息得以充分交换。二是降低了社区工作者的压力。每一场活动不可能都要社区工作者去为居民策划和操作，只有让居民自我行动才能真正让社区共同体运转起来，才能给社区治理带来助力。三是更好地盘活了社区资源。居民参与能力的增强会带动社区内部的社会关系网络，附带于其上的潜在的社区资源会受到拉动，越来越多的人会被社区居民组织的活动所吸引，社区内部的资源也会充分运转起来。

三、居民参与活动常态化

社区工作者专业化让社区志愿活动得以常态化发展。就笔者的社区调研来看，ZL 社区在专业化社区工作者介入社区治理之后，志愿活动从原先的每年 1 场变成了每年 18 场，ZL 社区志愿者的参与人数从之前的 12 人左右达到 30

[①] 张肖虎,杨桂红.组织能力与战略管理研究：一个理论综述[J].云南财经大学学报,2007(2):49-54.

人,越来越多的社区居民被公益精神感染,参加到活动中,志愿活动数量大幅增长。社区居民参与志愿活动的常态化增强了社区凝聚力和向心力。佟书记告诉笔者,以前社区工作者像居民的"管家",社区居民委员会在居民心里就像办事处一样;而今社区居民更像是社区工作者的"挚友",社区公益有什么需要,他们都会出谋划策并身体力行地参与活动。

居民参与的常态化可以从根源上预防治理困境的出现。长期以来,我们的基层社会管理模式大都带有运动式治理的特征,这种非常态化的治理模式是针对公共危机管理领域的实践而产生的,但也常常发生在社区内,治理效果很难令人满意。当专业社工构建好社区自组织网络之后,健康运转的社区自组织系统会提升社区的融合度,从而间接减少社区治理成本,并让诸多治理隐患消弭于无形。

社区居民参与志愿服务活动的常态化是社区共同体建设的必然要求。单位制解体之后,市场经济下的个体变得原子化,社会的流动性增强,社区群体的异质性增加,很多人甚至不知道邻居的名字。社区工作者专业化通过让居民参与志愿公益事业,不断加强居民之间的联系,提升居民参与社区公共事务的频率。在这个过程中,基于公益的社区居民人际网络得以建立。当人们关心和参与社区事务成为常态,人与人之间的联系会变得更加紧密,社区也不再是一个范围上的划定,而是发展成为人们真正的生活共同体。

四、居民参与动力内在化

居民参与公共事务和公益事业的动力内在化具有双重含义。其一,居民是基于自身的意愿参与社区活动,而不是基于外在的牵引。专业化社区工作者往往是从社区治理的利益相关方入手,激发居民参与社区活动。社区问题的解决与否与参与志愿服务的居民有关,同时专业化社区工作者在治理过程中充分尊重居民个人意愿的表达,将治理事务的行动权和决定权赋予社区居民,居民的主体性得以充分发挥,居民参与志愿服务的动力得以激发。其二,居民参与志愿服务的资源支持来自社区。在学界长期对社区居民参与志愿服务的研究中,对于支持社区志愿服务持续开展的资源一直众说纷纭。笔者认为,要注重对社区在地性资源的开发。其实社区有很多在地性资源,这些在地性资源如能得到良好的开发,则能解决很多问题。在本书所述的社区治理实践中,专业化社区工作者不断挖掘在地性资源,无论是社区的个体资源、公共资源还是社会资源,凡是有利于社区问题解决的支持资源都被连接出来,给治理活动提供了支持。

居民参与志愿服务动力内在化对社区治理有诸多好处。首先,只有基于居民自身意愿的参与的治理格局才能长久。社区是居民的社区,社区治理离不开居民参与。居民参与的状态直接影响着社区治理的成效和社区共同体发展的程度。笔者在调研中发现,只有发自人们内心的真实意愿的参与,才能结下丰盛的治理果实。其次,社区居民参与志愿服务动力内在化有利于降低政府治理成本。最后,社区居民参与志愿服务动力内在化有利于增强社区自组织的"存活能力"。

第二节 社区工作者专业化的限制与风险

社区工作者专业化对居民参与志愿服务起到较大的推动作用,是新时代社区治理的重要抓手。社区工作者专业化的出现有其合理性和必要性。基层社区在面对社区治理难题时,长期处于一种治理"真空"中,既找不到治理的抓手,也没有科学的治理技术。同时又因处于行政链条的末梢,面临各种评比和检查,社区往往是以突击式治理的方式来解决"燃眉之急",并没有一种社区治理的长效机制。专业化社区工作者的介入在一定程度上改善了这种状况。社区工作者工作的在地性和身份的合法性给予了其他社工机构所不具有的治理条件,加上专业知识和实务能力的输入,基层社区和居民之间的连接短板被补齐。在组织化的参与模式下,社区居民参与社区事务成为常态,社区居民的社会责任感和公益精神得以激发。然而,社区工作者专业化作为实现社区居民参与的新方式,也存在一些限制和风险。

一、社区工作者专业化水平受到实务操作技术水平的限制

社区工作者专业化体现在其具有的先进的治理理念——居民观和科学的实务操作技术。社区工作者就是通过技术在社区治理中起作用。本书中的技术是探讨人与人的关系、人与组织的关系的一种社会软技术。这种软技术的功能本身是调解社区之间的社会关系,这是社区工作者技术的核心。人的行动大都源自使自身利益最大化的选择,通过这种选择达到四种"最大化":意愿最大化,达成共识最大化,行动的可能性最大化,持续进行的可能性最大化。在这四种"最大化"的催化下,进行认同转换。即让社区居民的公共性得以觉醒,把社区居民集体行动所产生的自组织内部的小集团认同,通过公益属性的引导变成对于社区的认同,让"个人围着自组织'自转',自组织围着社区'公转'",从培养这种"自主"和"自发"过渡到培育社区居民的公共性,让公益精神得以生长。

居民观和科学的实务操作技术实际上是专业化的一体两面,科学的实务操作技术背后是先进的治理理念。新的居民观衍生出了诸多实务操作技术,实务操作技术又反过来形塑了新的居民观。在笔者调研的社区,社区工作者通过一

套专业化的实务操作技术解决了社区的治理难题。在这个过程中，社团孵化流程、需求发现技巧等社会治理技术起到了重要作用。社区工作者更像是一个接受者，专业化的社会机构在培训中教授社区工作者治理技术就像给了他们一把"锤子"，社区工作者只需要学习好"锤子"的使用方式，拿着"锤子"回去"锤钉子"就可以了。虽然不乏社区工作者在社区的实操过程中对实操技术进行了微调以适应社区的实际治理状况，但是总体来讲，社区工作者仍然受到了"锤子"也就是社区实务操作技术的限制。社区实务操作技术与社区治理实际适应性的强弱直接影响到社区治理的效果，不适应的社区实务操作技术甚至会让社区居民观"无处安放"而沦为空转。与硬技术一样，社区治理的软技术也面临更新换代的难题。实践性、有效性和合理性是社会治理技术的基本内涵。社会治理技术的更新要保持价值诉求，这就提升了其改良的难度。这里需要强调的是，社会治理技术本身的工具理性和其人文关怀并不矛盾，因为技术本身的产生就是为了实现人类的自由。就像韦伯所提出的工具理性的合理价值，"现代性"同样也代表着"合理性"，无论技术如何进步，其本身都深深含有解放人类自身行为的烙印。现在的问题是如何设计出更能让现代居民接受的形式，如何让社区居民在技术的制度框架内实现对话和沟通。关于这一点的答案，笔者认为不在专家身上，不是由专家提出的工具理性，恰恰社会技术的进步要靠居民，进化和优化的重点在居民身上。只有在人们不断的参与和探索中，这场"软技术"的革命才能进行下去，实务操作技术水平才能不断提高。

从实务操作层面进行讨论，要解决这样的技术更新难题，就要让社区内部各个主体紧密合作，形成良好的实务操作技术的"反馈-创新"机制。社区工作者作为社区治理的前沿群体，了解社区居民生活的实际状况，而诸多社工机构或者科研机构则具有丰富的理论知识，这两个群体应该联合起来，不断更新和发展社区工作者实务操作技术以适应新的社会环境的需要。社区居民委员会的社区工作者扎根在社区，具有丰富的实践经验和天然的居民互动基础，他们也具有组织居民自治的使命。但是其本身的专业性还有待提高，理论驾驭能力不强，需要与专业的社区社会组织合作才能处理好社区治理难题。

二、社区工作者专业化效益受到其他主体元素的限制

社区工作者专业化需要相应的机制作为支撑，需要相应主体的支持。一方面，社区工作者在社区开展治理项目需要政府的资源输入。社区工作者在社区开展治理项目需要相应的政策赋予其合法性，没有相应的政策为其合法性"开道"，社区工作者的治理行动将难以开展。同时，社区工作者在开展社区治理项目中，场地的布置，活动物品的置办，以及前期社区积分兑换，都需要相应的资

金作为支撑。虽然社区志愿者组织可以通过实务操作技术中的资源连接技术开发在地性资源以助力治理行动,但是每个社区的资源类型与资源数量都有着较大差异,几乎不能完全离开政府的资源输入。另一方面,社区工作者开展治理项目会受到社区居民委员会内部结构关系的影响。笔者在调研中发现,社区书记虽然并未参与社区公益创投项目的开展,但是在治理活动中的角色非常重要。社区居民委员会虽然是群众性自治组织,但其实际任命仍然需要通过街道办事处进行确认。在"指导与被指导"的模式下,社区书记对于社区治理项目的态度显得相当重要。社区书记掌握了社区的各项"拍板权"和"资源分配权",社区书记对社区创投项目的重视程度会影响创投项目的开展。作为社区居民委员会内部一分子的社区工作者,必须服从社区书记的"指挥",其本身的工作才能得到支持。这种社区居民委员会内部的组织化结构其实类似科层制内部的班子成员之间的关系。也正因为如此,一些社区书记考虑到本社区的实际情况,把精力更多放在其他社会管理与服务上,对创投活动的支持度较低,甚至不进行社区公益项目的孵化,这也会影响社区工作者专业化的发展。如果专业化社区工作者无法从事相关的治理活动,其专业化也无法得到真正实现。

社区工作者专业化效益也会受到社区内部各类民间主体的影响。民间主体和社区的在地性资源息息相关。民间主体对社区工作者治理行动的支持程度影响着治理效益和治理进度。从基层治理的角度来讲,个人是最基本的社会治理单位[①],大量的治理事务都需要在基层社区的体制框架内解决,而正是因为基层作为治理的主要发生地,基层治理的成功与否与基层的环境息息相关,与社区内的各类主体息息相关。社区基层治理行动如果缺乏社区内部主体的支持,则几乎无法进行,其本身的合法性也会受到挑战。这种进行不仅体现在居民参与上,还体现在社区各类主体的资源支持上。一个项目如果没有各类基层主体的支持,则其本身的治理效果会处于不可知的状态。细观ZL社区的治理过程,我们可以发现社区内的各类主体起到了重要作用。专业化社区工作者固然重要,但是专业化所营造的参与环境中的各类主体是无法替代的。专业化社区工作者的目的是撬动社区内部尽可能多的主体参与到治理行动中来,专业化社区工作者本身没有意义,其意义要在动员社区居民参与和激活社区各类主体行动力中实现。

三、社区工作者专业化可能面临排斥风险

社区治理离不开多方主体的参与,如何妥善协调社区内部的各类主体一直

---

① 李旭东."在地治理原理"对国家治理体系现代化的意义[J].哈尔滨工业大学学报(社会科学版),2019,21(1):25-33.

是一个有待探索的问题。笔者在调研中发现，不同于笔者调研的社区，一些基层社区将自身社区项目直接外包给社工机构来开展，社区工作者往往成为事务型的行政人员，每天处在文山会海之中，远离了居民，难以具备组织和动员居民的能力。在这些社区的治理项目中，社工机构无疑是"强势"的，而社区工作者处在"弱势"地位，遭到了机制化的排除。在笔者调研的湖北省的部分社区，湖北省社区公益创投实务能力培训实现了社区工作者专业化并给予其各类政策支持和资源输入。在这样的情况下，社区工作者在社区直接进行类似公益创投的项目化操作，开发基层社区资源，组织居民开展自治。但是部分社区出现了杜绝社工机构参与的现象，社区工作者处于"强势"地位而社工机构处于"弱势"地位。甚至在一些社区，社工机构被完全排除在创投机制之外，很多社区的社工机构的地位被挤压，难以生存。

事实上，社工机构是社区治理中非常重要的一分子，笔者所论述的 ZL 社区的治理行动中社区工作者的案例并非表明社工机构不重要。笔者认为，如果治理活动要持续开展下去，社工机构和社区居民委员会工作人员之间的合作机制是非常必要的。我们可以发现，佟书记的相关治理方法和技术其实也是专业的社工机构进行研发的结果。但是由于社工机构属于个体化的机构，ZL 社区在地的社工机构未必了解这样的技术，这会造成客观上的无法合作。笔者认为，首先要加强社区工作行业协会的建设，推进社工机构对社区治理技术的共享，建设成熟的"研发—实践"流程，社工机构共同研发和筛选成熟的治理技术和方法并普及给各个社工机构，各个社工机构再根据自身社区的实际治理情况反馈新问题，为社区治理技术的改良提供实践案例。只有先打破社工机构之间的技术壁垒，才能更好地融合和发展。其次，在治理行动中，要开发和建立社工机构和社区居民委员会工作人员的科学的合作模式。社区治理中的合作不是简单的"居委会给钱，社工机构办事"，实际操作中如何做好两者的角色分工也是非常重要的研究课题。两者应该做好分工协作，无论是单单依靠社工机构还是把社工机构排除在治理行动之外，都不是最好的选择。虽然笔者在案例中论述了专业化社区工作者的重要作用，但是长期来看，单单依靠社区居民委员会的工作人员肯定是不够的。在这个合作治理的时代，尤其在复杂的基层治理实践中，要让治理技术的研究跟得上社区治理的现实，就要做好相应的机制支撑。最后，还要坚持推进社区工作者的培训转型，善于运用各种考试，提高社区工作者的实际操作水平。在社区，是否持证是社区工作者专业与否的重要指标。但是笔者在社区调研中发现，很多社区工作者反映考证所需要学习的内容偏重理论知识，无法解决社区治理中的诸多实际问题。要加快社工考试内容的变化，建设以实际操作为主、理论学习为辅的培训知识体系，并在这个过程中将社工机构也整合进来，增加更多的实践色彩。让社区工作者学习的过程不仅仅是依赖一些购买服务式的培训，使实践成为每个社区工作者职业化过程中的必修课。

社区治理是一个复杂的动态进程，需要多方主体进行合作。社区工作者专业化是应有之义，但是也需要政策的助力、社会资源的输入和社工机构社会治理技术的研发，是一个多方协同治理的过程。急需建立一种专业化社区工作者与社工机构的良性合作机制，保证社区工作者开展行动，社工机构对其进行理念和技术方法的助力，只有二者的良好合作才能让项目开展得更加顺利。

第三节 本章小结

本章主要讨论社区工作者专业化的治理效益和限度。笔者基于社区工作者的职能本位，从社区居民参与角度探讨其治理效益。笔者认为，社区工作者专业化让居民在参与形式、参与能力、参与频率、参与动力方面都发生了重大变化，激发了居民参与活力。笔者结合自己的实际观察，发现社区工作者专业化仍然受到社会工作实务操作技术水平的限制，受到政策的影响。社区工作者专业化不是轻易就能实现的，社区工作者专业化推进居民参与良性发展需要诸多外部因素的支持，需要政府、社会、社工机构乃至社区内部的支持和参与。同时，在社区治理中，我们要警惕社区工作者和社工机构相互排斥情形的出现，探索在项目运行过程中的多主体良性合作模式。

第六章 结论与讨论

本书以社区工作者专业化对居民志愿参与的影响为研究对象,基于社区工作者解决社区治理问题的过程,推导社区工作者专业化在社区治理中的作用,并探究社区工作者专业化与居民志愿参与之间的关系。行文至此,笔者提出几点结论,并提出一些需要进一步探讨的问题。

第一节 基本结论

一、社区工作者专业化是推进社区居民志愿参与的充分条件

单位制解体之后,"单位人"变成了"社区人"。国家将社会管理和社会服务职能从单位转移到社区,人们也同步将希望寄托在社区。但是社区无法再扮演之前单位所扮演的全能角色。从社区参与的角度来看,归属感的缺失让居民参与社区事务的积极性和认同感降低。同时由于市场主义所带来的个人主义在社区的蔓延,居民的个体权利意识得以释放,但是基于市场条件下的个人权利意识觉醒未促成集体行动。社区工作者日日与居民打交道,他们承担着组织和动员居民的重任,却一直处在"无能为力"的苦恼中。他们具有行动起来的内生动力,也有行动起来的法定责任。虽然从治理角色来讨论,社区工作者受到自身所处的政策和社会资源环境的影响,并不能完全决定居民志愿参与的状态,但是实践证明,专业化社区工作者能够通过一套科学、成熟的治理技术和理念推进社区居民参与志愿服务,实现社区治理大众化目标,培育居民的公益精神。

二、社区治理大众化与专业化的实现离不开专业社工的支持作用

社区治理大众化意味着推动不同兴趣、不同性别、不同年龄以及有不同专业能力的人员平等地、多形式地参与社区公共事务或公益事业的过程,而这个推动过程需要专业社工作为实现"抓手"。社区居民委员会在日常事务中扮演着社区公共服务供给者、社区居民权利代言人和政府社区事务助手[①]的角色,是

[①] 陈天祥,杨婷.城市社区治理:角色迷失及其根源——以 H 市为例[J].中国人民大学学报,2011,25(3):129-137.

政府实现基层治理最重要的"桥头堡"。离开社区居民委员会，基层社区治理将无法进行。社区机制框架下的个人不同于单位制下的个人，个体的自由观念与流动性加强，和居民"打交道"的逻辑思路要区别于科层制中的单向性的"一刀切"，专业化的治理要求也应运而生。社区治理专业化立足于社会工作专业知识和专业技术方法，以社区场域的多种组织和社会资源为基础，以实现多方主体平等合作的直接目标，使用以社会技术为主的治理机制。社区治理专业化是社区治理发展到一定程度的必然选择，也是社区治理大众化得以实现的重要路径。具体到社区场域，社区治理专业化的目标又需要社区工作者来实现，现实的困境和担当的使命让社区工作者区别于机构社工，专业化技能的灌注让他们在治理过程中觉醒自身，运用科学的社会工作技术，激活社区居民的主体性，实现多方参与，推进社区治理专业化的实现。

三、居民的自组织状态和社区工作者专业化程度呈正相关

笔者在调研中发现，社区工作者专业化程度极大地影响着社区居民的自组织状态。居民自组织状态越好，其组织要素就愈加完善。从调研情况来看，专业化社区工作者在介入居民自治活动之后，着手解决居民组织的三个问题：共识达成问题，资源输入问题，行动规则问题。首先，在治理行动中，社区工作者引导作为利益相关者的社区居民发现社区问题，对社区公共事务达成一致意见并开展常规行动。其次，专业化社区工作者引导居民自组织制定相应的行为规范，建立相应的行为规则和激励制度，保证治理效果。最后，社区工作者运用实操技术引导居民自组织连接社会资源，解决居民自组织资源的提供问题。专业化社区工作者引导居民自组织健全各类组织要素，并在不断的专业化过程中对社区自组织起着重要的支持作用。

四、社区工作者专业化的重点是建立新的居民观和公益观以及一套可使之落地的实务操作技术

社区工作者专业化在笔者的实证案例中体现为一套专业化的实务操作技术，但更为重要的是其背后的理念。一方面，从居民观来讲，在原先的社区治理实践中，社区工作者把社区居民当成被动接受服务者，社区工作者"尽心尽力"地满足社区居民的需求。长此以往，社区居民成为社区的"客人"，他们不关心自己所在社区的公共事务，他们在遇到问题的时候只会向外寻求社区工作者的包办式帮助。社区工作者专业化就是让社区工作者掌握一套让居民做"主人"的理念和实务操作技术的过程。实务操作技术让居民关心自身社区集体事务，

挖掘自身的治理资源,提升议事和行动能力,共谋集体福利。另一方面,从公益观来看,原先社区工作者将社区的"公益"等同于"慈善",社区志愿者往往耗费大量的人力、财力、物力,效果却难以令人满意。新的公益观的核心就是要树立"公益不伤人"和"公益不养懒汉"的理念,让每一个为社区开展志愿服务的人都有回报。运用积分兑换技术持续激励志愿者参与,把志愿者的需求和受助者的需求放在同等重要的位置。同时,公益活动提出"以资源换资源,以服务换服务的"口号,让每个志愿活动的接受者都能与其他居民、与社区产生互动,不断增强受助群体的主体性。

五、社区工作者专业化需要建立社区层面多方主体的良性合作关系

社区治理是多元行动主体角色和功能调整的过程。社区不是一个封闭的可以自给自足的社会单元,社区治理行动的开展需要多方要素的输入,需要政府、社会机构、企事业单位和社区居民委员会等的支持。只有多方要素的支持体系愈加完善,社区治理的发展才会更加顺畅。社区治理是一个不断发展的过程,在社区发展的过程中会产生很多新问题、新情况,这都需要社区内部多方主体良性合作。社区工作者专业化是不能解决所有问题的,居民主体性的培育和社区治理的发展需要社区内部各主体明晰自己的定位,需要政策和资金的帮助,需要社会机构的专业技能的研发和输入,需要社会资源的支持,也需要社区工作者的专业化能力。只有符合社区治理需要的、科学的主体合作结构,才能真正推进社区治理不断向前发展。

第二节 需要进一步讨论的问题

本书在理论和实践两个层面都具有可以进一步延伸讨论的价值。

大众化的居民参与必然涉及个人利益。在现代的社区框架之内,社区往往习惯于探明众意,却不擅长达成共识。众意意味着社区居民意见的简单相加,但是众意的汇总并不意味着居民之间矛盾的消失,处理不好甚至可能会激化社区内部的矛盾。共识则意味着居民的意见得以收集,而且人与人之间的利益得以协调。从众意的挖掘到共识的形成,都是社区治理现代化的重要目标。但是两者究竟如何实现、两者之间的关系如何,在学界鲜有讨论。

笔者在对 ZL 社区的调研中发现,专业化社区工作者开始转变自身的"包办者"角色,习惯于让居民开展行动,消除分歧,达成一致,并继续开展行动。这是社区治理层面新的收获,值得肯定。然而从实践角度来讲,这样专业化的治理

模式如何保持其先进性是个大问题,社区治理情境在不断变化,如何搭建一个科学的行政机制框架以保证专业化治理的持续进行,是需要进一步讨论的问题。

从宏观上讲,任何治理行动都要涉及对政府与社会之间的关系的讨论。透视当前政府与社会之间的关系,我们可以发现政府不再以传统而单一的方式组织社会,新的治理抓手开始出现。如何看待政府在其中的作用,政府的角色和功能又发生了什么样的转变,这是理论界需要进一步探究的课题。

主要参考文献

[1] 彭华民,杨心恒.社会学概论[M].北京:高等教育出版社,2006.

[2] 马克·格兰诺维特.镶嵌:社会网与经济行动[M].罗家德,译.北京:社会科学文献出版社,2007.

[3] 孙柏瑛.当代地方治理——面向21世纪的挑战[M].北京:中国人民大学出版社,2004.

[4] 郑永年.技术赋权:中国的互联网、国家与社会[M].北京:东方出版社,2014.

[5] 张前.音乐欣赏、表演与创作心理分析[M].北京:中央音乐学院出版社,2006.

[6] 李·S.舒尔曼,王幼真,刘捷.理论、实践与教育的专业化[J].比较教育研究,1999(3):37-41.

[7] 钟启泉.教师"专业化":理念、制度、课题[J].教育研究,2001(12):12-16.

[8] 谭兵,王志胜.论法官现代化、专业化、职业化和同质化——兼谈中国法官队伍的现代化问题[J].中国法学,2001(3):132-143.

[9] 王思斌.试论我国社会工作的本土化[J].浙江学刊,2001(2):56-61.

[10] 孙莹.如何区分社会工作者与社区工作者[J].中国社会导刊,2007(21):32-33.

[11] 江立华,陈雯.城市社区建设与增进居民福利[J].学习与实践,2008(7):138-143.

[12] 陈标,艾凌.社区居民集体行动:困境与激励[J].开放导报,2017(6):17-19.

[13] 李永红.造就高素质的社区工作者队伍[J].沈阳干部学刊,2005(4):59-60.

[14] 李芹.职业化社区工作者与专业化社区工作者的关系[J].社会,2003(1):25-27.

[15] 劳炯基.外部性理论与城市管理研究[J].开放时代,1997(6):86-91.

[16] 陈伟东,张文静.合约理论视角下居委会的制度安排与实践逻辑[J].社会主义研究,2011(2):90-94.

[17] 陈伟东,陈艾.居民主体性的培育:社区治理的方向与路径[J].社会主

研究,2017(4):88-95.

[18] 陈伟东.社区行动者逻辑:破解社区治理难题[J].政治学研究,2018(1):103-106.

[19] 陈伟东,吴岚波.论社区公共资源治理中居民主体性的生成——基于湖北D社区的案例分析[J].四川师范大学学报(社会科学版),2018,45(2):27-33.

[20] 肖小霞,张兴杰.社工机构的生成路径与运作困境分析[J].江海学刊,2012(5):117-123.

[21] 陈伟东.赋权社区:居民自治的一种可行性路径——以湖北省公益创投大赛为个案[J].社会科学家,2015(6):8-14.

[22] 尹浩."无权"到"赋权":城市基层社会治理的新机制——以H省城市社区公益创投活动为分析对象[J].南京大学学报(人文社会科学版),2016,47(5):22-28.

[23] 石林.工作压力的研究现状与方向[J].心理科学,2003(3):494-497.

[24] 陈友华,祝西冰.中国社会工作实践中理论视角的选择——基于问题视角与优势视角的比较分析[J].山东社会科学,2016(11):73-79.

[25] 伊浩,舒晓虎.新时代城市社区治理中的居民主体性培育路径研究[J].求实,2018(4):76-87,111-112.

[26] 曹现强,李烁.获得感的时代内涵与国外经验借鉴[J].人民论坛·学术前沿,2017(2):18-28.

[27] 张彩玲,张志坤.社区社会组织参与社区治理现状研究——以大连市甘井子区为例[J].东北财经大学学报 2016(1):91-97.

[28] 陈伟东,李雪萍.社区自组织的要素与价值[J].江汉论坛,2004(3):114-117.

[29] 渠敬东.项目制:一种新的国家治理体制[J].中国社会科学,2012(5):113-130,207.

[30] 李拓.制度执行力是治理现代化的关键[J].国家行政学院学报,2014(6):91-95.

[31] 舒晓虎.社区公地及其治理[J].社会主义研究,2017(1):112-119.

[32] 宋道雷.国家治理的基层逻辑:社区治理的理论、阶段与模式[J].行政论坛,2017,24(5):82-87.

[33] 顾骏."行政社区"的困境及其突破[J].北京行政学院学报,2001(1):12-14.

致　　谢

　　时光匆匆,五年转瞬即逝,在这个万物生长的季节里,我开始了对最后学生生涯的告别。有时候时间就是这样匆忙,想起以前写论文的日子和调研的日子,"干活"的时候是多么痛苦,选择的时候是多么彷徨,但是好像突然就到了这一天,我挥挥手,和这一切告别。

　　感谢这篇致谢能让我停下来,静静地审视我的博士生涯,它不只是包含了我的感情,不只是一种自我检讨或一种自我夸耀。它对我来讲更像是一种帮助,它让我坐下来自我审视,通过这个程序,回顾我五年求学时光,甚至回顾我整个学生时代。

　　我从来没想过自己能读博士,以前也没太指望我的导师能要我,但是导师最后说"估计你也没人要,还是我要你吧"。如今已经到了最后的告别时刻,如果说五年学习给我带来的最大的启发是什么,我想就是咬牙坚持。曾经的我就连一篇报告都要写好久,挨很多批评也做不好。我彻夜失眠,一篇篇地看文献,总写总错,总错总写,那种亢奋着又灰暗着的日子很难熬。现在回头看看,我竟然都完成了。虽然我知道自己毕业参加工作之后也会面临各种困难,但是我觉得自己总能解决,因为这个时候我只需要再坚持一下。

　　回顾我在桂子山的日子,我的导师陈伟东教授对我影响非常大。我的导师陈伟东是一个非常风趣幽默的教授,但是在做事情的时候他也是非常严谨和负责任的。他在培训中对我的言传身教,对我的人生观和价值观起到了非常大的形塑作用。现在想起生活中的点点滴滴,我自己做事的风格和方法,都有老师的影子。在培训期间,老师很注重培养我的能力,让我担任培训的引导师和训练师,有时甚至还让我登台授课,这些经历都让我受益无穷。在这里我还要特别感谢我尊敬的徐昌洪老师,他儒雅的品性和丰富的学识让我十分受益。他对我那"惨不忍睹"的调研报告一字一句修改点评的画面至今还历历在目。如果把我的两位老师对我的言传身教进行总结,我觉得可以总结为"两载"。何为"两载"？一载即"文以载道",两位老师以其较强的学术能力教导我报告写作和论文写作的诸多要领,提升我的表达能力,教会我如何写文章,如何把事做好。二载即"厚德载物",两位老师以其宽厚敞亮的人品和乐观诙谐的态度不断包容我、感染我,让我成为更具有正能量和奋斗精神的人。在这里,我还要感谢张必春老师,他对我的报告和论文写作提供了非常多的帮助。

致谢

论文开题和预答辩是老师与学生对话的过程。在这里我要感谢老师们以开阔的学术视野和较高的学术水平对我的指导,帮我明确问题意识、明晰论文主题。在这里我要特别感谢王敬尧老师、袁方成老师、吴理财老师、宋亚平老师、张务老师、高秉雄老师、钱道赓老师、胡宗山老师等其他学院的老师,他们对我的论文写作都提出过宝贵的意见。在这里我还要特别感谢项继权老师,他对我的论文写作给出了非常多中肯的指导。

在华中师范大学就读期间,我还受到了各位师兄、师姐、师弟、师妹的帮助,他们是张继军、陈艾、马涛、陈金川、熊茜、吴岚波、许宝君、王倩祯、孙家臣、徐凌风、黎慈、张彩云、程晨、宋军、李媛媛、杨赛赛、杜成杰、肖海燕、李银鑫、黄诗凡、伍相融、杨晨、凌晟、彭斐。在这里我要特别感谢马涛师兄和吴岚波师兄,他们多次通过电话和微信语音的形式为我答疑解惑,给我的博士论文提出了非常多的指导意见。在这里我还要感谢徐凌风师弟,虽然他时常来敲我的门"干扰"我写论文,但是很感谢他来关心我来看我。一些灰暗的日子,有了他的"陪聊",生活才没有那么痛苦和单调。最后我还要感谢给我提供资料的各地民政局的工作人员,感谢我去调研过的各个社区的基层工作者们!感谢黄石市铁山区胜利路社区刘欧洲书记,感谢黄石市黄石港区钟楼社区的佟淑娟书记,感谢曾在黄冈市黄州区四海社区工作的袁倩女士,是他们让我做到"字字有故事,句句有来历"!

在这里还要感谢身边的朋友们一直以来对我的理解和包容!在我人生比较困难的时光,是他们陪着我面对!在这里我也要感谢背后默默支持我的父母,是他们时时刻刻的关爱才让我坚持下来。

佘君珏
2022 年 2 月于桂子山